普天之下·書是好書

普天 出版社
Popular Press

做人純真，做事深沉 全集

Keep the Pure Mind, Do the Smart Work

用純真的態度待人，用精明的態度做事

赫胥黎曾經寫道：「人生最大的悲哀，就是純真的想法，往往被醜陋的事實所扼殺。」
心思單純的人固然最受歡迎，但也最容易被人坑騙。
在人生叢林裡，如果你不想成為別人算計的對象，那麼，擁有好人的純真之餘，更須具備小人的深沉。
「精明」是做人做事不可缺少的一環，要是沒有一點防人之心，
把自己的心思全部攤在陽光下，無異於把自己推向險境。

公孫龍策——編著

出 版 序　　　　　　　　　　　　　•公孫龍策

做人要純真，做事要深沉

許多有天分的人常常會恃才傲物，其實應該仔細想想，究竟該怎麼做才能讓自身的才能發揮更大功能。

出眾的才能，在許多人的眼中就有如閃亮的寶石，經常是價值連城的珍寶。

不過，在這個世界上，也有許多很難用來換取實際利益的才能，究竟該如何利用它們，就得靠我們的聰明才智了。

英國作家赫胥黎曾經寫道：「人生最大的悲哀，就是純真的想法，往往被醜陋的事實扼殺。」

一個再有能力的人，也要具備一些心機，更要懂得把心機發揮在可以勝出的地方，如果你不具備一些城府，說好聽一點的是「單純天真」，說難聽一點的就是「愚蠢無知」。

空有滿腹才華卻恃才傲物，讓自己寸步難行，或是不知如何運用智慧，讓才華發揮最大功效，最後都會成為失敗者。

十六世紀初，有很多科學家都面臨著生活艱難的處境，義大利天文學家及數學家伽利略也不例外。

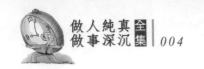

有時候，他會把自己的發現和發明當作禮物送給當時最重要的贊助者，從他們那裡得到資助從事研究。然而，不管發現多麼偉大，這些贊助人通常都是送他禮物，而不是贈與現金，因此他常常沒有安定的生活。

一六一○年，他發現了木星周圍的四顆衛星。這一次，伽利略經過一番深思，把這個發現呈獻給麥迪西家族。

他在寇西默二世登基的同時宣佈，從望遠鏡中看見一顆明亮的星星──木星出現在夜空中。

伽利略表示，木星的衛星有四顆，代表了寇西默二世和其三個兄弟；而衛星環繞木星運行，就如同這四名兒子圍繞著王朝的創建者寇西默一世一樣。

將這項發現呈獻給麥迪西家族之後，伽利略委託他人製作一枚徽章──天神邱比特坐在雲端之上，四顆星星圍繞著他。伽利略將這枚徽章獻給寇西默二世，象徵他和天上所有星星的關係。

同年，寇西默二世任命伽利略為宮廷哲學家和數學家，並給予全薪。

對一名科學家而言，這是伽利略人生中最輝煌的歲月，四處乞求贊助的日子終於成為了歷史。

多花點心思，往往會讓自己找到更寬闊的出路。在這個人人都想出人頭地的社會，掌握「做人單純，做事深沉」法則，無疑是脫穎而出的先決條件。

用現代的眼光來看，伽利略的確是一名出色的科學家與天文學家，不但值得得到社會的敬重，本身所擁有的知識也是價值非

凡的。

　　不過，在十七世紀的歐洲，人們還不明白科學的重要性，不知道伽利略的才能足以為世界帶來什麼樣的貢獻，因此，伽利略除了在科學上不斷努力之外，還必須想辦法用他的才能換取繼續研究的資金與動力。

　　許多有天分的人常常會恃才傲物，對於為人處世、進對應退，絲毫不懂得多加學習及運用，也因此常常過著孤寂窮困的生活。

　　這樣一來，其實最後吃虧的還是自己，因為沒有穩定的生活與從事研究或藝術工作所需的資金，多數人的才能就在「求生存和求溫飽」當中消磨殆盡，以至於無法盼到才華發光發熱的那一天。

　　不管做什麼事，一定要講究策略和技巧。如果你不願花點心思想想，老是直來直往，非但無法順利達成目的，還會陷入各種無法預知的陷阱和困境之中，使自己的人生充滿危機。

1 PART 不動聲色，才能讓你更出色

一個人若念念不忘自己的付出，
言行中不時地表揚自己，
美意也會失去光澤。

2 PART 如何擺脫小人的糾纏？

日常生活中，每個人或多或少都有
不能避免的人情壓力和煩人瑣事，
為了擺脫糾纏，不動動腦袋想計謀是不行的。

3 改變思路，就能找到出路

PART

不論情況看起來有多麼不可能，
只要我們能用柔軟又富創意的頭腦，
讓思路轉個彎，一定能想出解決的辦法。

4 借力使力，開創自己的天地

PART

定位清楚，目的清晰，
懂得運用借力使力的道理，
你也能以小搏大，
揮灑出一片自己的天地。

5
PART 提升應變能力,才能逢凶化吉

現實生活裡,任何事都可能發生,

許多人習慣以硬碰硬,

或以強制的手法來解決事情,

其實,這種方法只會讓事情變得更加棘手而已。

6
PART 面對挑釁,何必太認真?

若是你不希望讓周遭的小人煩擾生活,

不希望被無謂的事情擾亂心情,

就讓看事情的視野多一些角度吧。

7

PART

多動腦，找出完美的解決之道

當我們遇到了必須完成的難題時，
不妨讓腦袋轉個彎，換一個思考方式，
或許也能找出另一種完美的解決之道。

8

PART

用理性的態度更正自己的錯誤

處世不會永無失誤，
因此我們要學會反省和道歉。
只要不是惡意欺騙，
相信人們可以諒解且包容無心的過失。

9 在關鍵時刻做正確取捨

PART

若是緊抱著過去的榮光不放，
而忽略了未來的趨勢，
我們很可能就會成為
被時代淘汰的昨日黃花。

10 你也可以光明正大說謊話

PART

「弄假成真」的手段並不高明，也不夠高尚，
但是，這在爾虞我詐的社會中，
在政治的競技場上，
能夠正大光明的又有幾個？

11
PART

用另類的方式改變對方的態度

溝通，並不是一味強迫對方接受自己的想法，
也不是一味屈躬卑膝試圖改變對方自以為是的態度，
而是以恰當的方式找出彼此的折衷點。

12
PART

面對誠實的人，就用誠實的方法

人與人之間的相處，可以是君子之爭，
不必奉承阿諛，更不必費心猜疑，
才不會有相互拉扯的兩敗俱傷。

不動聲色，
才能讓你更出色

一個人若念念不忘自己的付出，

言行中不時地表揚自己，

美意也會失去光澤。

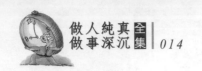
要提高贏面，先斬斷對手的後援

 要建立一個穩定、強健的組織，就必須穩固在背後
支持自己的力量。否則無論有多麼大的本領，也只
能一步步地走向滅亡。

士兵在戰場上馳騁，對他們而言，勝利的關鍵並不只在於武
器與裝備的精良與否，軍隊的士氣、戰術的運用等等因素也攸關
重大。

不過，除此之外，還有一件常被忽略的因素，在人類的歷史
上左右了無數次戰役的勝負，那就是後援補給。

智慧是一種經過透視與反覆思考所產生的積極力量，不論在
競爭或鬥爭的過程，只要你能洞穿對手的罩門所在，趁機切斷他
的後援，即使對手原本是一頭威風八面的老虎，也會瞬間淪為倉
皇逃生的老鼠。

清朝末年，年高德劭的左宗棠成為李鴻章向上竄升的絆腳石，
李鴻章千方百計地想除掉他，但是，應該從何處下手呢？

李鴻章尋思，左宗棠做大事需要資金，但是由於清政府經費
吃緊，左宗棠做大事的本錢都是由「紅頂商人」胡雪巖為他籌措，
因此想要扳倒左宗棠，就要先除去胡雪巖。

他由此進一步分析，認為胡雪巖的生意集中在錢莊、當舖、絲行和藥店幾個領域，但最關鍵的還是錢莊。

所有的行業，以錢為本，只要錢莊一倒閉，其他的事業也就不攻自破了。而信用則是錢莊的命脈，因此，該從動搖胡雪巖錢莊的信用開始下手。

李鴻章於是緊緊地盯住胡雪巖的錢莊，在信用二字大做文章。

很快地，上海就風傳胡雪巖的錢莊周轉不靈，隨即不斷有人持銀票來兌換巨額現銀，錢莊庫存很快就不足了。

如同滾雪球似的，危機越來越大，來兌現銀的人排起了長龍，在別無選擇的情況下，錢莊只好宣佈倒閉。連鎖反應很快出現，盛極一時的「紅頂商人」胡雪巖，家業迅速破敗。

失去了胡雪巖的資金奧援，左宗棠辦起事來左支右絀，李鴻章試圖扳倒他的目的也達到了。

優秀的軍事家都知道，要打贏一場仗，首先要做的就是切斷對手的後援補給線。因為一旦後援中斷，就彷彿失去了臍帶輸送養分的嬰兒，不管是多麼精良勇猛的軍隊，也很快就會因為後繼無力而衰敗。

不管是身在戰場、官場或是商場，提供金錢、人力的後援力量都可以稱之為這股勢力的命脈；如果能將對方的後援切斷，自己的贏面無疑會大幅提昇，李鴻章用的就是這一招。

相反的，從這個故事中我們也能看出來，如果要建立一個穩定、強健的組織或團體，就必須穩固在背後支持自己的力量。

不要將所有的蛋都放在一個籃子裡，也不要把團體的命運繫

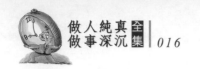

於單一的補給線上。盡可能地得到多方面的支持與奧援，這個團體的基礎才能穩如泰山。

不要一心只想著往高的地方發展，卻忘了穩住腳下所踏的土地。

因為，沒有了堅硬的磐石，正如同戰場上失去了後援，無論有多麼大的本領，也只能一步步地走向滅亡。

把心機用在恰當的時機

溝通有很多種方法，我們可以用不傷人的方式，或旁敲側擊的暗喻來表達，只要懂得延伸和變通，事情就能有更完美的結果。

法國哲學家拉布呂耶爾說：「與其令對方服從我們，不如我們附和對方更為便捷而且有益。」

沒有人不喜歡對自己有益的事情，因此，附和對方的喜好，然後找出雙方的共同點，就會使交涉更加便捷，更有益處。

想要在人生戰場獲勝，就要把心機用在最恰當的時機。如果對方貪圖眼前利益，那就用利益引誘他；如果對方實力堅強，那就要加倍防範他；如果對方勢力十分強大，那就要設法避開他。

很多時候，與其強迫威逼，不如投其所好來得有效，想要獲得成功，就必須懂得解讀別人的心理需求，明瞭對方要的是什麼，尤其是面對小人，這套心理作戰方式更加重要。

有一次，名作家愛默生為了把一頭小母牛趕進牛欄，費盡了力氣都無法完成。

他的兒子愛德華見狀，便用一隻胳膊摟住牛的脖子，而愛默生則在後面推，沒想到他們越用力，小母牛越不願移動。

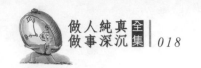

　　父子倆為了這頭母累得面紅耳赤、滿頭是汗，全身都沾滿了牛糞，簡直氣瘋了。這時，有位愛爾蘭小女孩路過，看到這個景象，便在一旁開心地大笑，只見她走了過來，把一個手指伸進小母牛的嘴裡，溫柔地拍著牛背，就這麼輕鬆簡單地讓小母牛乖乖走進了牛欄。

　　愛默生看到這情景之後，陷入了沉思，還把此事記入他的手記中。

　　另外，有一個關於邁克爾‧費羅迪發明第一架電動機的軼聞。

　　費羅迪發明了電動機後，為了讓英國首相威廉對他的發明感興趣，並給予支持，於是帶著原始模型——「一塊磁鐵，上面繞著一些電線」去找首相。

　　他給首相看了模型的操作，並講解其中深奧的原理，可是，在他解說的時候，首相卻始終提不起興趣。

　　「使用它有什麼好處呢？」首相不耐煩地問費羅迪。

　　「當然有好處，有一天，你可以從它的身上增加許多稅收。」這位科學家靈機一動地回答道。

　　首相一聽可以增加許多稅收，馬上對他的發明表示認可，並給予他很大的支持。

　　其實，每個人的心頭都潛藏著一些心機，例如阿諛奉承、過河拆橋、見縫插針以及如何利用別人對自己的信任……等等，做人有些心計並不是什麼壞事，關鍵就在於如何將心機用在最恰當的時機。

　　我們所遭遇的人，可能比我們想像中正直，也可能比想像中

陰險，尚未摸清對方的人格特質與心理需求，就採取直來直往的應對方式，試圖與對方較勁，或者「以理服人」，其實是相當危險的。

結果不是徒勞無功，便是讓自己碰得鼻青臉腫。與其如此，倒不如旁敲側擊，以「投其所好」的方式應對或說服。

想要說服別人，尤其是滿身是牛脾氣的人，就必須先了解他們對什麼事最感興趣，進而順勢引導，才能獲取成功。

其實，以他們最感興趣的事物作誘引，並不是迎合拍馬，而是一種不得不然的溝通技巧，那只是一種輔助的方式，與你的終極目標完全沒有衝突，你的人生方向也絲毫不受影響。

溝通有很多種方法，我們可以用不傷人的方式，或旁敲側擊的暗喻來表達，只要懂得延伸和變通，事情就能有更完美的結果。

不動聲色，才會讓你更出色

一個人若念念不忘自己的付出，言行中不時地表揚
自己，美意也會失去光澤。

現實社會中，到處都可以見到在職海中載沉載浮的上班族。
這是因爲，大多數人都太自以爲是，忽略了人際應對必備的技巧，
唯有明白了「做人單純，做事深沉」的道理，才會讓自己更快出
人頭地。

層次愈高的人，愈要隱藏自己，並且懂得假借他人之手，爲
自己創造名聲。

一般而言，社會上不信任虛榮和自誇的人，但是過於低估自
己，表面上是謙虛，實際上卻是退卻，這樣也是不對的。

能幹的人是最謙虛，也是最懂得自求升遷，爲自己創立名聲
的人；在適宜的時機，利用適當的人，就有辦法以最快速且漂亮
的方式博取功績。

美國總統雷根就像許多人一樣，都喜歡隨意地亂寫亂畫。有
一天，他在白宮橢圓形辦公室的寫字檯上，信手撕下一張辦公用
的文件紙，拿起一枝鉛筆，一口氣就畫了七幅素描。

　　第一幅素描是美國西部放牧人的代表「牛仔」，頭上戴著牛仔帽，領帶的打法也與住在城鎮的人不相同，第二幅則是「一匹馬」。

　　由於牛仔和馬是雷根從小最熟悉和喜愛的，加上他每年都會到加利福尼亞州聖巴拉山間的牧場騎馬兜風，或幫忙整理牧場、餵餵馬，所以這兩幅畫是七幅中最為生動的。

　　第三幅畫的是一位英國紳士，腦袋上的頭髮幾乎全部掉光了。紳士的右邊是中國古代的一位師爺，緊挨著師爺的是一位日本武士，武士下面是一位法國富翁，最底下是位法國幽默大師。最後，在整個畫面的右下側，雷根簽上自己的大名——「理查·雷根」。

　　從藝術角度來講，雷根的素描雖然算不上「佳作」，不過還有點美術基礎，筆調簡練、構思生動，幾乎每一個人像都充滿著幽默感，讓人發笑。

　　這幾幅即興素描完成後，雷根就派人送到一家拍賣行去標價出售。出乎意料的是，竟有一位收藏家肯出一萬美元的高價買下雷根總統的傑作。

　　雷根收到一萬美元後，立即通知美國傷殘人協會，表示願意將售書之款捐獻給美國的傷殘人，於是，美國各大報章便以醒目的標題報導這一則新聞。聰明的雷根既不必從腰包中掏出一萬美元，又獲得了行善的名聲。

　　聰明人博取聲譽的方法，就是讓他的功勳「自行」表彰。就像雷根藉由「私下」捐款給傷殘協會的方式，替自己打廣告一樣，他知道必定會有有心人士將這樣的「善行」傳達出去。

　　大肆張揚只會得到反效果。例如，達摩祖師到中國傳法時，受到梁武帝熱情款待。席間，梁武帝問達摩祖師自己造寺佈僧有何功績之時，得到的答案竟是「毫無功績」，梁武帝因此氣得趕走了達摩祖師。

　　不動聲色才會讓你更出色！一個人若念念不忘自己的付出，言行中不時地要表揚自己，那再怎麼樣純粹的美意也會失去光澤。只有短視近利的人，才會當著大眾的面不斷地矯飾，不斷地吹噓自己，要大家注意他做了些什麼，結果到頭來，他所獲得的只有淺薄、自命不凡的聲名。

　　在一個團體中，要巧妙引起別人注意自己的長處，只有讓自己的優點自行彰顯，才能為自己博得好名聲和好機會。

張大雙眼找出成功的關鍵

 在我們身邊一個個不起眼的小人物，都有可能在我們需要的時候，成為促進成功的焦點人物。

價值是人創造出來的，機會也是。財富要由自己去把握，不是等著上天突然掉下來，或等著老闆平白無故送給你。

就像現代的網路拍賣無奇不有，只要想得出名堂，能跟大明星扯得上關係的物品，就有人願意出價購買，連之前電影〈史密斯任務〉洛杉磯首映會的「現場空氣」都可以成為商品。

善用身邊的資源，抓住每一個可以使用的機會，不管有沒有道理，只要有人欣賞，成功就在不遠處。要知道，連垃圾都可以拿來填海造地了，世界上哪有真正的廢物呢？

有一天，維多利亞女王收到了她疼愛的孫子，喬治親王的一封來信：

「我親愛的祖母，我昨天下午在一家玩具店裡看見了一匹漂亮的木馬。我非常渴望擁有它，可是一分錢也沒有。親愛的好祖母，請您寄點錢給我好嗎？您親愛的孫子喬治。」

維多利亞女王收到信的隔天馬上回覆了一封信：

「我親愛的孩子，你父親曾對我說，你一拿到錢就把它花光光。看到你這樣浪費錢，不懂得省錢之道，讓我非常難過。你的玩具買太多了，現在是該學習明白東西真正價值的時候了。要好好聽話。你親愛的祖母維多利亞。」

過沒多久，維多利亞女王又收到喬治親王的回信：

「我親愛的祖母，您的來信讓我非常的高興。您要我明白東西真正的價值，現在我終於懂了。我把您的信以二十五法郎賣給了一位手稿收藏商。您可以清楚地看出，我明白東西真正的價值！您親愛的孫子喬治。」

一九七二年，尼克森開始進行「改變世界的一星期」計劃，為了中國之行做準備時，費盡了許多心思。他知道到了中國，用餐時必定少不了筷子，為了入境隨俗，不出洋相，花了好一番功夫苦練拿筷子的技巧。總算皇天不負苦心人，這位美國總統在出發前已經能熟練使用筷子進食了。

尼克森一行人抵達北京的當天晚上，中國外交家周恩來設了盛宴款待這位遠道而來的貴客。當記者拍攝當晚的情形時，尼克森大大出了鋒頭，有板有眼地用筷子夾取食物，胸有成竹地讓記者拍照。

不少人為尼克森使用筷子的技巧感到吃驚，但是最敏銳的還是加拿大《多倫多環球報》駐北京記者伯恩斯，他等尼克森一站起身準備離席時，便飛奔前去將尼克森用的那雙筷子放入懷中拿走了。

等所有人從不解到反應過來時，筷子已經被記者拿走了。之後，有許多人向伯恩斯出高價，想買下這雙獨一無二的筷子。

一封普通的家書、一雙使用過的筷子，都可能因爲主人不凡的身分而使得身價跟著水漲船高。或許，有人會認爲，那只不過是不起眼的小東西，但就是有人願意花錢收藏。

　　只要能用吸引大眾的手法，例如以「王室生活及教育方式」爲宣傳，以「那雙筷子成爲連接中美友誼的橋樑」爲噱頭，就算只是一件不起眼的小東西，也必將帶出意想不到的商機。

　　相同的，在我們身邊一個個不起眼的小人物，都有可能在我們需要的時候，成爲促進成功的焦點人物。或許他們看起來平凡無奇，但是在不同的人脈網絡中，就可能連接著你無法跨越的某條線，讓你到達某個特定點。

　　只要我們能慧眼識人識物，在需要的時候，就會從別人還來不及發現的地方找出邁向成功的關鍵。

狗眼看人低，容易錯失良機

生命中的貴人，不一定有「貴」氣。與人保持良好
關係，盡好自己的職責才是最聰明的做法。

〈麻雀變鳳凰〉這部電影有個讓人印象深刻的情節，就是女
主角茱莉亞羅勃茲治裝的過程。

當她一身妓女裝扮進入高級服飾店時，不僅被店員鄙視嘲諷，
最後還被趕出店。後來經由飯店經理的幫助，她穿著高雅，再度
回到同一間店，所面對的就是立即迎上前來熱情招待的店員。當
女主角告訴店長，她錯失了一個賺錢的好機會時，無疑大快人心！

只要是人與人的交往，就會保持著某種相互牽連的關係。別
輕慢了周遭任何一個人，也許他就是你這一生的貴人呢！

墨西哥史上第一位印地安總統胡亞雷斯，有一次到維拉克魯
斯進行訪問。一到目的地，當地州長馬上將他迎進官邸，並安排
一個最好的房間讓他休息。但是胡亞雷斯並不想住在這間高級房
間裡，就私下和大臣奧坎特換了房間。

第二天早晨，當胡亞雷斯走進浴室時，發現裡面卻沒有水，
便喚來一名女服務員。服務員臭著一張臉看著胡亞雷斯，不客氣

地問：「你要什麼？」

「麻煩妳送點水來好嗎？」胡亞雷斯客氣地請求她。

「你若高興就慢慢等，要不然就自己去取水。哼！真是一個愛乾淨的印地安人啊！我總得先招待總統吧！」

胡亞雷斯什麼也沒說，就回到自己的房間。過了一會兒，他再次招呼女服務員打點水來。

女服務員依據口氣不好：「你難道沒聽到我得先伺候胡亞雷斯先生嗎？真是太不識相了，沒見過你這種不知好歹的印地安人。如果你真的很急，就自己動手嘛。水龍頭就在那兒。」

胡亞雷斯沒有責怪女服務員，一個人默默走去打水梳洗一番。

到了午餐時間，這位女服務員穿上最好的衣服，緊張萬分地來到大廳，希望能見到共和國總統，並且能有榮幸為他服務。

當州長領著胡亞雷斯進來的那一刻，女服務員突然驚叫起來。這時候她才發現，原來那個被自己斥責的印地安人就是共和國總統，羞愧得無地自容，忍不住哭了起來。

當州長正覺得奇怪時，胡亞雷斯卻笑著走向女服務員，拉起她的手臂，溫和地對她說：「親愛的女士，妳不用擔心。沒什麼大不了的事！如果妳的工作是招呼大家，那就去做吧，因為在這裡的每一個人都應當盡自己的本分。」

以外表的包裝來判斷一個人的貴賤與否，是最沒有意義，卻也是最常見的事情。其實，「表裡不一」的人比比皆是，外表光鮮亮麗有時只是為了掩飾心虛，一味以貌取人，可能得受了種種折磨才換得真象。就像女服務員一心一意想服侍的總統，原來竟

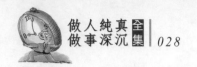
是一個不起眼的印地安人。

　　試著反省一下，當我們與人第一次接觸時，是否曾在不自覺中以對方穿著的好壞來決定自己的態度？這樣的「短視」，常常會讓人錯失了一些好機會，可能是一個極具潛力客戶，或是一位即將為你面試的大老闆。

　　生命中的貴人，不一定有「貴」氣。與人保持良好關係，盡好自己的職責才是最聰明的做法，「狗眼看人低」的態度只會趕走自己難得的機緣。

感謝對你使壞的敵人

「恨意」帶來的動力，往往比「鼓勵」的力量還驚人。感謝你的敵人，因為他會讓你不斷成長。

　　一將功成萬骨枯！在血跡斑斑的歷史上，名留青史的功臣和戰場上的英雄，得來的功績和榮耀，都是犧牲許多生命換來的。而在現實的人生戰場上，促使許多人踏上成功之路的背後推手，往往是敵人或者是曾經最痛恨的一個人。

　　每個人都有好與壞的一面，世間沒有絕對的黑或白，就算是羅漢的前身也可能是惡霸，這正是世事的矛盾與玄妙之處。我們不能因為一個人某部分的壞，而忽略了他好的那一面，否定他的成就；也不能只因為一個人某個地方的好，對於不好的行為就視而不見，多元的世界上沒有絕對的二分法。

　　前蘇聯領導人赫魯雪夫在一九六二年時，曾邀請了大批藝術家到列寧山上的賓館聚會，其中不乏知名的作家、畫家、雕塑家……等等。當赫魯雪大大談藝術時，突然愈講愈大聲，情緒激動地拍著桌子破口大罵。

　　原來，赫魯雪夫最討厭的就是非現實主義的藝術，但現場又

　　剛好有一位現代派的雕塑家，馬上成為挨轟的對象。這位倒楣的雕塑家涅伊茲韋斯內在眾人面前，被赫魯雪夫大大羞辱了一番。

　　「你的藝術像什麼？」赫魯雪夫極盡所能地貶低說：「對！就像你鑽進了廁所的便桶，從那裡向上張望，恰好看見一個上廁所的人軀體的某一部分。這就是你的立場，你的藝術！」

　　涅伊茲韋斯內難堪到說不出話來，現場也一片尷尬。

　　赫魯雪夫說完這番話之後，又得意洋洋地對涅伊茲韋斯內的作品做了一些批評，最後這場宴會不歡而散。

　　一九七一年年赫魯雪夫過逝，他的兒子謝爾蓋前往涅伊茲韋斯內家中，神情看起來有些拘謹和猶豫。涅伊茲韋斯內見到他的樣子，馬上說：「我知道你為什麼要到這兒來，我想先聽聽你的說法。」

　　「您已經猜到了，我是想請您為我父親雕刻墓碑。」謝爾蓋說。

　　雕塑家遲疑了一陣子才回答說：「好吧，我同意。但我要按照我認為合適的方法去做。」謝爾蓋接受了這個條件。

　　雕塑家接著說：「我個人認為，藝術家不會比政治家壞，這就是我接受這項工作的原因。你自己有什麼看法嗎？為什麼你認為我會接受這項工作？」

　　謝爾蓋回答：「這是我父親的遺願。」

　　赫魯雪夫逝世一週年的那天，墓碑的揭幕式在新聖母公墓舉行了。在這片公墓中，赫魯雪夫的墓碑獨樹一幟，十分醒目，半塊黑色大理石和半塊白色大理石鑲成一個對比鮮明的框架，正中是墓主人的頭像。

　　涅伊茲韋斯內雕刻了墓碑以後說：「死者曾當眾侮辱我，使

我在幾年之內心情鬱悶，但我還是決定為他立碑，因為他值得我
這麼做。」

　　黑白相間的墓碑，一位功過分明的人物，無論是恨他還是愛
他，蘇聯人民無法將赫魯雪夫遺忘，也不能全盤否定他的所作所
為。

　　對於涅伊茲韋斯內而言，赫魯雪夫帶給他的是羞辱，但是他
的遺願不啻是對涅伊茲韋斯內的一種肯定。雖然涅伊茲韋斯內對
赫魯雪夫的行為不一定原諒，但是他並不會因為個人的偏見，而
否定了赫魯雪夫對國家的貢獻。在黑白相間的墓碑中，表現了一
個政治家的功與過，也表達了藝術家的人格與才華。

　　「恨意」帶來的動力，往往比「鼓勵」的力量還驚人。或許
出發點並非正確，但是「良藥苦口」，刺激往往容易教人覺醒，
只是要小心別讓「偏激」的心理毀了自己的成就。

　　感謝你的敵人，因為他會讓你不斷成長，在他的身上必定有
你可以學習或引以為戒的特質。

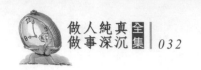
能屈能伸才可以在劣勢中生存

時機尚未到來之時，最重要的就是要能堅強求生存。
只要改變自己的態度和想法，適度的「妥協」也是
一種生存方式。

危及生命的事情，不能逞一時之勇。

偉大的領袖通常也是優秀的戰士，他們精通各種攻擊戰略，
可是他們比別人更清楚，很多時候也需要懂得防守。真正的勇者
能屈能伸，平時雖不輕易激怒人，但必要的時候也能隨時戰鬥。

有一天，蘇聯共產黨領袖列寧與妹妹瑪麗亞從克里姆林宮乘
車，去莫斯科郊外的森林學校，探望養病中的克魯普斯卡亞和學
校的孩子們，同行的還有司機吉爾和警衛切班諾夫。

快到加里寧工廠時，前面突然竄出一夥土匪將列寧的車攔截
下來。

有幾個土匪手持著槍，逼迫車上的人下車，其中一個頭戴灰
皮帽的高個子，在列寧身上搜索，摸到了證件便拿起來想看個究
竟。這時，列寧神色自若地自我介紹：「我叫做列寧。」

高個子土匪舉起槍對著列寧的腦袋，無理地說：「我管你叫
什麼！」

　　這時，列寧的妹妹氣憤地衝向前去：「你知道你在做什麼嗎？他可是列寧啊！你又是誰，把你的證件拿出來看看。」

　　土匪嗤之以鼻地回答：「強盜是不需要證件的。」接著，土匪們跳上汽車，把車也搶走了。

　　整件事發生得太快太突然，以致於路過的人甚至不知道發生了什麼事。而司機吉爾和警衛切班諾夫則全程毫無動作，只是站在一邊，完全沒有開槍也沒有反抗，因為他們深怕列寧有危險。

　　土匪逃走後，列寧對他倆說：「同志們，你們選擇不開槍是對的。像那種時候，用武力是解決不了問題的。我們得以倖免，是因為沒有反抗。」

　　之後，列寧就搭上前來接他們的車子去森林學校，克里姆林宮警衛隊長馬利科夫知道此事後馬上趕到學校，並責怪切班諾夫是「飯桶」。

　　列寧聽到便對馬利科夫說：「不要責備他，在土匪佔優勢時，只有十足的白癡才會選擇錢包。」

　　一年後，列寧在《共產主義運動中的左派幼稚病》一文中把土匪事件做了一個巧妙的比喻。他寫道：「假定你被武裝強盜攔住了。將身上的錢、證件、和保命的手槍都交給他們，才能安全脫險出來。這就是一種妥協，如同我們和德國帝國主義強盜的妥協。」

　　一件偶然碰上的事情，可以被列寧用來作具有重要政治意義的具體比喻，使得人民壓下對德國的排斥感，了解在必要時，必須以「生存」為優先選擇。

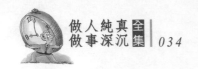
　　他在這場搶劫中得到的其實比失去的更多，不單是生命安全無虞，更成就了他能屈能伸的政治理念。

　　在商場、職場、人生的戰場上，難免會碰到一些蠻橫無理的人，他們可能擁有一定的權勢，影響著你的身家安全，在這樣的壓迫下只能過著暗無天日的悲慘生活。這時候也別氣餒，時機尚未到來之前，最重要的就是要求自己堅強求生存。或許這一段時期，你會一直處於吃虧的狀態，但只要改變自己的態度和想法，適度的「妥協」也是一種生存方式。

　　只要你已經有了心理準備，就不用太計較眼前的得失。

　　況且「妥協」的角色反而容易讓人對你失去戒心，你也會因此而減少一個競爭對手。這時候就是抓緊時機，成為一匹黑馬突破重圍的時候了。

要當老虎，別當老鼠

 真正創造出偉大事業的人，必定有不畏艱辛的人格，
而且能夠堅持到最後，才能將理理化為事實。

　　眼前是一條極其險峻的道路，一路上會有數不清的困苦與艱
難，而路的盡頭究竟幾時才能走到，卻沒有人能確定。

　　如果是你，願意踏出腳步，向自己的極限挑戰嗎？

　　想走上成功的道路上，就要期許自己是一隻睥睨萬物的猛虎，
不要當隻畏畏縮縮又見不得光的老鼠。

　　英國諺語說：「老虎的眼睛比老鼠的刀槍更令人害怕。」

　　這句話告訴我們，如果想要成功，必須期許自己做一頭令人
敬畏萬分的「老虎」，而不能當一隻人人瞧不起的「老鼠」；即
便自己只是一隻「老鼠」，也必須懂如何為自己披上一層「虎
皮」。

　　「如果從這條路直接穿越過去，有沒有可能？」拿破崙問他
的工程師們，這些工程師奉命探尋能夠穿過險峻的阿爾卑斯山聖
伯納山口的道路。

　　「可能行吧！」他們吞吞吐吐地回答道：「還是有一點可能

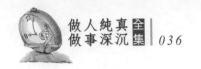

性的。」

「那就前進吧！」身材矮小的拿破崙堅定地說道，絲毫沒有把工程師們剛才回答裡的弦外之音聽進去，儘管他也知道穿越那山口是極其困難的。

英國人和奧地利人聽到拿破崙想要穿越阿爾卑斯山的消息時，都輕蔑地撇嘴，報以無聲的冷笑。因為，那可是一個「從未有任何車輪輾過，也從不可能有車輪能夠從那兒輾過的地方」！

更何況，拿破崙還率領著七萬軍隊，拉著笨重的大砲，帶著成噸的砲彈和裝備，還有大量的戰備物資和彈藥！

然而，就在被困的馬塞納將軍在熱那亞陷於飢餓困境時，原本自認為勝利在望的奧地利人卻看到拿破崙的軍隊突然出現，不禁目瞪口呆。

拿破崙沒有像其他人一樣被高山嚇住，也沒有從阿爾卑斯山上潰退下來。

失敗是不屬於拿破崙的，他成功了。

對於許許多多的指揮官而言，他們同樣有精良的裝備，有必備的工具，有善於穿越崎嶇山路的士兵，但他們卻沒有拿破崙的堅韌和勇氣。

拿破崙在困難面前沒有退縮，儘管這種困難對於任何人來說幾乎都是難以克服的。因為他想前進，於是就自己創造了機會，並牢牢地把握了這個機會，終於獲得了勝利。

成功不會是偶然的結果，而是需要努力的；它不會是一條平坦易行的道路，否則為什麼想要成功的人那麼多，真正辦得到的

人又那麼少呢？

　　雖然付出與收穫未必總是成正比，但可以肯定的是，看到路途艱難便駐足不前的人，是絕對無法走到終點的。

　　不要先說「不可能」，那麼多改變世界歷史的事件當中，有多少人事先想到它們會出現呢？阿姆斯壯將他的腳步印在月球上之前，又有多少人把「登上月球」這件事當作笑話？

　　每個人可能都有自己的理想，但能將之實現的成功者並不多；真正創造出偉大事業的人，必定有不畏艱辛的人格，而且能夠堅持到最後。因為他們相信「世上沒有不可能的事」，才能將理想化為事實。

如何擺脫
小人的糾纏？

日常生活中，每個人或多或少都有

不能避免的人情壓力和煩人瑣事，

為了擺脫糾纏，不動動腦袋想計謀是不行的。

真誠待人，才能贏得人心

只要能用心處事、真誠待人，就一定能贏得人心，成功地贏得對方的尊敬和信任。

通常我們都認為自己很了解自己，也頗能洞穿別人，但實際上，我們經常誤解自己，對於別人的認知也僅止於皮毛。正因為如此，必須與別人互動之時更加用心，才能贏得真心。

愈是睿智的人，愈有寬容的胸襟，一個寬宏大量的人，愛心往往多於怨恨，樂觀、忍讓的圓融個性，讓他成為一個真正聰明有智慧的人。

美國經濟蕭條期間，美國官方委派哈里·霍普金斯，負責聯邦政府的救急署，里德·伊克斯，則負責聯邦政府的公共工程管理局。

但是，為了職責分工的問題，霍普金斯和伊克斯一開始就發生了衝突。

有一次，伊克斯向羅斯福抱怨，霍普金斯的動作太過緩慢，使他無法順利工作，不過，羅斯福卻要求伊克斯不要再要脾氣了。

「我當時毫不客氣地頂了回去，」伊克斯在日記中回憶說：

「那晚我說了許多話，因為是羅斯福總統，所以我才能如此發言，如果換成現在的其他總統，我恐怕就沒這麼大膽了。」

不久，羅斯福在全體內閣會議上，當眾告誡伊克斯，千萬不要再講霍普金斯和救急署的壞話。

「很明顯的，總統是有意要當著全體內閣成員的面，狠狠地教訓我一下。」伊克斯悲嘆地說。

在內閣會議以後，伊克斯想單獨見見羅斯福，但是卻被勞工部長搶先一步，還把總統這次行程裡，預留溝通的時間都用光了。伊克斯怒氣沖沖地回到自己的辦公室，坐下來打了一份辭職信給羅斯福總統。

第二天中午，當伊克斯前去面見羅斯福總統時，總統用責備的眼神望著他，並給了他一個手寫的備忘錄。

「親愛的哈羅德……」在友好的稱呼之後，總統寫下了不同意他辭職的理由：「我對你充滿信心，為完成公共事業的巨大任務，國家非你不可，你的辭職我決不接受。你親愛的朋友，富蘭克林‧羅斯福。」

接到這樣的備忘錄，伊克斯的火氣完全消了，他說：「能遇到待人真誠而且值得信任的總統，實在沒有話可說！所以，我當然願意留下來了。」

二十世紀最偉大的科學家愛因斯坦曾說：「寬容意味著尊重別人的無論哪種可能存在的信念。」

很多人喜歡爭強鬥勝，為了炫耀自己比別人強那麼一點點，總是搶著出鋒頭，一旦被別人比下去，就鬧彆扭、生悶氣。

其實，社會是個大染缸，人生是個修煉場，人應該變得更圓融、更成熟、更幹練，不斷地調整自己面對人生的態度，何苦老是為了生活中的芝麻細事跟別人過意不去，跟別人糾纏不休呢？

只要能用心處事、真誠待人，就一定能贏得人心。

羅斯福之所以會當眾責難伊克斯，其實只是要磨礪他的性情而已，因為他知道伊克斯的為人，也知道他的個性直率，更明白伊克斯是個難得的人才，所以他運用了「知才惜才」的用人智慧，成功地贏得對方的尊敬和信任。

藉機說出「言外之意」

懂得藉機說出「言外之意，弦外之音」，正是我們
在社交時，非常需要學習的風範和技巧。

古希臘哲學家亞里斯多德曾說：「要說發脾氣，誰都會，這
並不困難，難的是當你發脾氣的時候，懂得如何掌握分寸，懂得
採取適當的方式，最重要的是懂得用機智來代替憤怒。」

的確，一個只爲生氣而生氣的人在盛怒之下，嘴裡的那條舌
頭就像一匹脫韁的瘋馬，而一個眞正有智慧的人，在盛怒之下，
則會用自己的機智去駕馭那條可能變成瘋馬的舌頭。

某次午宴上，有位女士與柯立芝總統十分器重的大使，爲了
一件小事展開了一場唇槍舌劍的言詞交鋒。

這個女士越說越氣憤，爲了壓倒對方，便故意貶低對方，說
他粗野而無知，正巧這時有一隻大黑貓懶洋洋地來到餐桌旁，靠
著桌腿蹭起癢來了。

柯立芝總統這時巧妙地轉過身，對身邊的人說：「唉，這隻
貓已經是第三次來這裡搗亂了。」

總統故意把這句話說得很大聲，正是爲了讓那位「凶悍」的

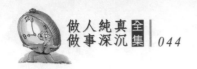

女士聽見，只見她馬上安靜了下來，之後就再也沒有聽到她的聒噪聲了。

一向彬彬有禮的柯立芝總統，會在這樣的社交場合中，突然大聲指責一隻貓，「指桑罵槐」的用意，在場人員自然都心照不宣。

這正是我們所謂的「話中有話」，既能夠巧妙地對這個女士的無聊爭執做出抗議，卻又不會因為直接出言制止而影響宴會的氣氛，可說是一舉數得，方法絕妙。

這樣的機智，是許多人際關係良好的成功人士常發揮的，當別人正吵得不可開交時，他們往往會天外飛來一筆，而且效果非凡，避免了直指對方不是的尷尬，又能讓對方充滿了解其中的含義。

懂得藉機說出「言外之意，弦外之音」，正是我們在社交時，非常需要學習的風範和技巧。

如何擺脫小人的糾纏？

日常生活中，每個人或多或少都有不能避免的人情壓力和煩人瑣事，為了擺脫糾纏，不動動腦袋想計謀是不行的。

維吾爾族有句諺語：「有駱駝大的身體，不如有鈕釦大的智慧。」

這句話告訴我們，沒有智慧的蠻力，根本毫無價值可言，換言之，只要你懂得運用智慧，那麼你將會恍然發現，有時候，看不見的「智力」要比看得見的「武力」更可以發揮料想不到的作用。

有一天，林肯總統因生病住進了醫院，但仍然有不少人為了求得一官半職，來到他的病床前不停地嘮叨。雖然他們把林肯和醫生都煩得心情很差，但是礙於禮儀，又不便硬將他們轟走。

又有一次，一個令人討厭的傢伙正要坐下來跟總統長談一番時，醫生剛好走了進來。林肯於是伸出雙手問道：「醫生，我手上這些疙瘩是怎麼回事？」

醫生說：「這是假天花吧！不過，也可能是輕度天花。」

林肯說：「那麼，我全身都長滿了這些東西，這種病會傳染

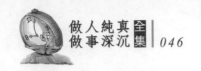

吧？」

醫生說：「是，傳染性確實很強。」

這時候，坐在一旁的客人，立刻站了起來，大聲說：「哦，總統先生，我只是順道來探望您，希望您早日康復，我有事要先走了。」

「啊，別急著走嘛，先生！」林肯開心地說。

客人趕緊說：「以後有空我會再來拜訪的，以後再來……」一邊說，一邊急忙地往門外跑出去。

等那個人走遠，林肯這才高興地說：「現在，我終於有時間，看看那些客人送的好東西了。」

這是非常有趣的小故事，充分表現了林肯總統的機智，以及他和幕僚人員之間的默契。

日常生活中，每個人或多或少都有不能避免的人情壓力和煩人瑣事，為了擺脫糾纏，不動動腦袋想計謀是不行的。

我們時常為了這些小事而困擾不已，在衡量面子、身份，或怕得罪別人之餘，常常必須按捺著情緒接受對方的疲勞轟炸，然後再找機會發洩或抱怨。

不過，一味隱忍，事情永遠也無法解決，你永遠也只能抱怨。

學學林肯總統應付小人的智慧吧！

動動你的大腦，每一件事都會有他的解決方法和技巧，只要你多動動腦筋，一定會想出兩全其美的好方法。

幽默感能把大事化小

 學會以幽默的態度面對事情，大事往往能化作小事，用幽默來解決事情，再尷尬的場面也能變得輕鬆自在。

希爾泰說：「動不動就生氣的人，只會突顯他無法駕馭自己的幼稚。」

因為，一個成熟有智慧的人，並不會動不動就用生氣來解決問題，而是會用機智來代替生氣的幼稚行為。

柯立芝總統擔任麻薩諸塞州參議員時，有一次，一位健談的議員發言表示支持某項議案，發言時，在每句話的開頭，他都會重複說一句：「議長先生，話是這麼說的……」

當這位議員報告完後，反對這項議案的柯立芝馬上站起來說：「發言人先生，話不是這麼說的……」

登時全場哄然大笑，而那項議案也因此被否決了。

還有一次，有兩個議員為了某件事情，爭得面紅耳赤。

其中一位議員咒罵對方「該下地獄」，而挨罵的那位議員則是火冒三丈，拉著柯立芝要幫他主持公道。

只見柯立芝不慌不忙地說：「議員先生，您不必著急，我已

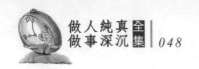

經查過法典，您還用不著為此到地獄走一趟。」

柯立芝說完了這句話，議場緊張的氣氛便緩和下來了。

歐洲有句諺語說：「生氣的時候，去踢石頭，疼的只是自己。」

一個真正有智慧的人，生氣憤怒的時候，並不會蠢到用自己的腳去踢石頭，而會用幽默的方式表達自己的觀感。

機智幽默可以說是人們在社交場上所穿的最漂亮的服飾，尤其是你出糗或遭到言語攻擊，適時的機智絕對可以化解尷尬或對立的氣氛。

一句幽默的話，勝過長篇大論，如何運用幽默感來化解生活的難題，相信是許多人必須學習的課程。

學會以幽默的態度面對事情，大事往往能化作小事，用幽默來解決事情，再尷尬的場面也能變得輕鬆自在。

心平氣和才是對付小人的法則

若能以推理分析來回應，定能讓對手的荒謬論調不攻自破，而且更能得到別人的讚賞與欽佩！

我們都很習慣用憤怒處理事情，用情緒來駁斥別人說我們的不是，殊不知許多時候，因爲過度激昂的情緒，反而容易模糊了事情的焦點，也更加容易讓別人忽略應當知道的事實。

不如學學契斯特‧朗寧的機智加以還擊吧！

加拿大前外交官契斯特‧朗寧是個在中國出生，而父母都是美國人的傳教士。朗寧出生時，因爲母親無法餵哺，所以便請了一位中國奶媽餵養他。

但是，沒想到在他三十歲競選議員時，這段往事竟被對手做爲攻擊、誹謗的話題。他們批評的理由，正是朗寧曾經喝過中國人的母奶長大，身上一定有中國血統的謬論。

面對對手的惡意攻擊，朗寧也不甘示弱，隨即根據誹謗者的荒謬邏輯，嚴厲地加以駁斥。

他說：「如果喝什麼奶，就形成什麼血統的話，那麼你們誰沒喝過加拿大的牛奶？難道在你們身上就有了加拿大牛的血統嗎？

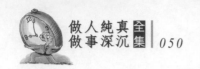

當然，你們可能既喝過加拿大的人乳，也喝過加拿大的牛奶，那麼在你們身上，不就有加拿大人的血統，又有加拿大牛的血統了嗎？如此推論的話，你們豈不是『人牛血統的混血兒』了。」

日本作家櫻井秀勳曾經這麼說：「不管是什麼形式的批評，最好都要以機智幽默的方式進行。」

如果不懂得用機智幽默的方式化解衝突，那麼生活就是由摩擦和痛苦串連而成，如果能夠用輕鬆幽默的心態面對，那麼人生就會精采豐富。

在任何荒謬的論點，都有可能被編造出來的人際社會裡，要攻破這些謬論，除了要有冷靜理智的思考方式，更要有攻破敵手論點的機智。

若能以推理分析來回應，定能讓對手的荒謬論調不攻自破，而且更能得到別人的讚賞與欽佩！

適可而止，才是正確的溝通方式

不要強人所難，並且抱著將心比心的包容和尊重，
那麼誤會與衝突，也都不會發生了。

　　羅馬思想家西塞羅曾經寫道：「幽默會給人帶來歡樂，而且，
常常可以產生巨大的作用。」

　　的確，幽默不僅能令人開懷，而且還常有潤滑的妙用，可以
讓你跟別人交際的過程中增添光彩。

　　羅斯福總統在擔任紐約州長期間，喜歡在酒宴時喝些調酒，
還特別喜歡勸身邊的人多喝酒，每當他看到別人的杯子空了，就
會馬上說：「再來一杯吧！」

　　在一次宴會上，他熱情地為最高法院的法官塞姆‧羅斯曼加
滿了第二杯酒，但是羅斯曼並不會喝酒，當他喝完第一杯雞尾酒
時，就已經有點不大舒服了，因此，他趁其他人不注意的時候，
把這第二杯酒偷偷地倒進角落的花盆裡去了。

　　不久，又有一場雞尾酒會，酒會中羅斯福故意對羅斯曼說：
「塞姆，你知道嗎？行政大廈裡的花發生了怪現象，前幾天，有
一棵盆栽的葉子開始變色，他們請來農業部的專家，把花和土壤

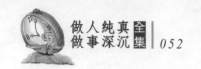
都帶回去研究，檢驗出來之後，你猜他們發現什麼？他們發現土壤裡含有很高的酒精成份。問題是，這些土壤是從什麼地方挖來的呢？」

這時在場的人都笑了起來，羅斯曼也不好意思地笑著承認，是自己偷偷將酒倒入了那個花盆中。

接著，他對羅斯福說：「州長，如果你不想讓你的花全都遭殃，最好饒了我，別再給我第二杯酒。」

從此，羅斯福再也不勉強羅斯曼喝第二杯酒了。

沒有責難和爭辯，羅斯福總統與羅斯曼的互動裡，有著他們獨特的溝通方法，充滿著難得的風趣和幽默。

我們很容易強人所難，也很習慣用情緒來解決事情，其實，與人溝通的正確方式是，凡事適可而止。

不要強人所難，儘量找出問題的原因，並且抱著將心比心的包容和尊重，那麼誤會與衝突，也都不會發生了。

不管做什麼事，一定要讓自己的腦子多轉動。如果你不願花點心思想想，老是直來直往，非但無法順利達成目的，還會陷入各種麻煩之中。

贏回自己應有的尊嚴

人與人相處之道，貴在誠心敬意，懂得如何互相尊重，你才有可能得到別人的敬重。

做事的時候必須用對方法，才能讓效果達到最大。如果你在事業、工作或生活上遇到瓶頸，那麼就必須冷靜想出解決的辦法。

冷靜是突破困境的最高智慧，可以讓自己頭腦清醒，不至於進退失據、患得患失；看看以下這個真實故事，或許對你有所幫助。

儘管羅斯福總統很了解英國人，也很喜歡與英國人為友，但是，他仍然受不了英國官員所流露出來的傲慢態度。

有一天，財政部長亨利‧摩根索，拿了一封英國財政大臣的信給羅斯福看，他卻發現，對方在信封上沒有加上任何官銜的稱呼，而且很不禮貌地直呼部長之名：「亨利‧摩根索先生」。

摩根索沒有留意到這一點，他只注意到信裡的內容，但羅斯福卻一眼就看到了，也看出了英國人所顯露出來的傲慢。

當摩根索另外拿出一封他準備回覆的信件時，羅斯福看了看說：「這封信的內容，寫得不錯，但你犯了一個錯誤。」

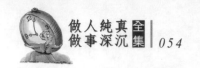

摩根索慌張地問：「犯了什麼錯誤？」

羅斯福說：「在稱呼上，你應該直呼他的姓名，這樣才能與那封信的稱呼一致，所以，你千萬不要在稱謂上再加任何官銜。」

羅斯福這招果然厲害，英國財政大臣的第二封來信中，就規規矩矩地加上了美國財政部長的官銜。

羅斯福以其人之道，還冶其人之身，給了傲慢的英國大臣一個教訓，也為自己贏回應有的尊嚴和敬重。

人與人相處之道，貴在誠心敬意、互敬互讓，懂得如何互相尊重，你才有可能得到別人的敬重。

雖然只是一個小小的官銜稱謂，但在細微處所應當表現出來的禮儀，卻比面對面的尊重更重要。

這是我們必須留意，也是許多人容易忽略的小細節，而且，往往因為這個小疏忽，而讓你莫名地得罪別人，或是失去大好機會。

小心那些不由衷的讚美

一些平常極少往來的人忽然造訪，或是一些平常不太聞問的人忽然熱切地表示好感，背後可能就暗藏著某些目的。

　　米爾頓曾說：「人和天使都不善於識別偽善，因為，偽善是包裝精美的罪惡，有時候，連上帝也會上它的當。」

　　的確，偽善者經常會以「大好人」的面貌出現，經常會講一些讓你無法否認的真理，然後，再暗地利用這些所謂的「真理」，將你偷偷地出賣掉。

　　狡詐的人也經常因為覬覦你所擁有的「乳酪」，而以「知己」的面貌出現，專說一些讓你暈頭轉向的阿諛之詞，然後，伺機搶走你的「乳酪」。

　　人都喜歡聽到讚賞的話，都喜歡受到肯定。但是，好聽的話必定要出自真心、發自內心，倘若不是這樣，那麼在過多的美言背後，包藏的常常不是衷心的讚美，而是另有居心。

　　棲息在一棵樹上的一隻烏鴉，嘴上叼著一片乳酪。

　　乳酪吸引了一頭狐狸的眼睛和鼻子，於是牠對烏鴉說：「如果您唱歌能和您的站姿一樣美妙，那麼，您就是我所見所聞的最

好歌手了。」

這隻狐狸很有學問，曾經從某處讀到過一則寓言，說讚美一隻嘴裡叼著乳酪的烏鴉的嗓音，將使牠扔掉乳酪而唱起歌來，於是依樣畫葫蘆。

但這種方法，只有古時候的笨烏鴉才會上當，對這隻樹上的烏鴉，卻什麼效果也沒發生。

烏鴉先仔細地把乳酪從牠的嘴裡移到爪子下，然後說：「有人說你狡猾，有人說你愚蠢，但是，你肯定還是近視眼吧。那些漂亮的鳴禽穿戴著鮮艷的帽子、多彩的外衣和發亮的飾帶，牠們都是注重外表的美麗生物。而我渾身穿黑，卻是獨一無二。」

說完，牠開始吸食著乳酪，沒掉下一點碎屑。

這頭狐狸並不像烏鴉說的那樣愚蠢，也沒有近視，不過卻很狡猾。

牠停了一會兒之後說：「您講得對，我向您道歉。現在我看得更準了，作為所有鳥中最有智慧和最有內涵的鳥兒，我很樂意聽您談談自己的事！但是，現在我餓得一定要去覓食了。」

「請稍等，」烏鴉趕緊說：「來分享我的午餐吧。」

於是，牠把乳酪中最好的一份扔給了狡猾的狐狸，開始侃侃而談：「航船上沒有烏鴉窩就會遭到滅頂之災。很多船隻出現了，又消失了，但有烏鴉窩的船將永遠存在。我是飛行工程師、製圖師，而且最重要的是，我是以善於飛行而聞名的科學家、工程師、幾何學家……因為，我的飛行路線就是任意兩點之間最短的距離。」牠驕傲地結束了吹噓。

「對，『任何兩點之間』，這我非常相信。」狐狸說：「謝謝你給了我最好的乳酪，我原以為你不會與人分享呢。」邊說邊

跑進了樹林。

狐狸不餓了，卻把飢餓而悵惘的烏鴉留在了樹上。

故事中的烏鴉未必眞的不夠聰明，換了是我們遇上了這樣的狐狸，恐怕也會以爲遇到了知音，說不定也迫不及待地要與牠分享自己的故事呢！

有句話說：「無事不登三寶殿」，一些平常極少往來的人忽然造訪，或是一些平常不太聞問的人忽然熱切地表示好感，背後可能就暗藏著某些目的。雖然未必總是如此，但我們總得用智慧仔細地評估過才好。

對於那些有求於我們的人所說的話、所做的事，對他們不由衷的讚美，我們可得特別留心才好。

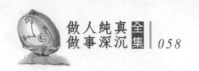
別跟惡狼講道理

 在我們的人生路途上，總會有不幸遇上惡狼的時候，
所能做的，應該是巧妙運用自己的智慧與力量，作為
對抗惡狼的武器。

法國文豪雨果在《笑面人》裡寫道：「習慣作姦犯科的惡人，
他們的頭腦通常和他們的心靈一樣空虛。」

完全不講道理的惡勢力，以凌駕一切的粗暴力量壓倒世上的
良善，是人類社會自古以來層出不窮的故事，這些情節相信你我
都不陌生。

道德與社會的約束、人性中光明的一面，在錯誤的地方、錯
誤的時間出現時，都是蒼白而無力的。我們可能從小就被教育要
講道理、明是非，但常常，我們都高估了言論的力量。

清澈的小溪流過青山腳下，有一天，狼和小羊碰巧同到這條
小溪邊喝水。

狼肚子餓了，想要吃掉小羊，但如此正面相對，有些不便下
口。牠想，總得找個藉口來吃掉小羊才好。

於是，狼開始向小羊挑釁，假裝生氣地對小羊說：「你怎麼
敢到我的小溪喝水，把水弄髒了，使我無法喝水？你這是什麼意

思？」

小羊嚇壞了，四腳發抖，膽怯地輕聲說：「我……我不太明白，我怎麼會把水弄髒？你站在小溪的上游喝水，水是從你那邊流到我這邊來的，而不是從我這邊流到你那邊去的，怎能讓你無法喝水呢？」

狼皺起眉頭說：「即使如此，不管怎樣，反正你是個壞蛋。我聽說你去年在我背後說我的壞話。」

可憐的小羊以微弱的聲音說：「親愛的狼先生，那是不可能的，因為去年我還沒有出生呢！」

狼發現自己理屈詞窮，惱羞成怒，就齜牙咧嘴，露出兇相，一邊撲向小羊，一邊強詞奪理地說：「哼，你這個伶牙俐嘴的小壞蛋，如果不是你，那就肯定是你的爸爸，反正沒有區別。」

說完，狼就把小羊吃掉了。

關於像狐狸一般狡詐的小人，莎士比亞在《威尼斯商人》裡曾經如此描寫道：「一個指著神聖的名字作證的惡人，就像一個臉帶著笑容的奸徒，又像一隻外表美好，中心腐爛的蘋果。」

這樣的小人，當然讓人防不勝防，他們口中講著大道理，專幹坑人騙人的勾當，引誘別人上當不是什麼奇怪的事。

現實社會中，更常見的是有些擺明了要「吃」人的奸惡之徒，他們通常頭腦簡單卻言行野蠻，言詞對他們而言，只不過是用餐之前的禱告詞。

沒有力量的良善，常常是沒有保障的。小羊跟惡狼說道理，以為有理就可以行遍天下，卻不明白惡狼與自己根本就不是站在

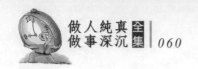

平等的基礎上。小羊需要的，不是道理，而是足以保衛自己的力量。

在我們的人生路途上，總會有不幸遇上惡狼的時候，要謹記：用思想來辯駁思想，以理性來回應理性，在惡狼面前，從來就沒有那麼一回事。我們所能做的，應該是巧妙運用自己的智慧與力量，作為對抗惡狼的武器。

改變思路，
就能找到出路

不論情況看起來有多麼不可能，

只要我們能用柔軟又富創意的頭腦，

讓思路轉個彎，一定能想出解決的辦法。

精神鬆懈，機密就可能外洩

當我們在處理任何訊息時，不管是傳達或者接收，都要經過大腦判斷，以防有心人士利用自己來散佈謠言。

　　情報是任何戰場上決勝負的重要訊息，倘若落入敵人手中，就會成為摧毀己方計劃的致命武器。

　　在電影、電視劇裡，主角總是「意外」在洗手間裡得到重要的消息，才能反敗為勝，一舉打敗敵手。其實，這樣的情節不只是影片中才會出現，現實生活裡，這樣的事情也不少。

　　說者無心，聽者有意。必須留意，接收訊息的對象或「被迫」接受訊息的對象，都有可能「背叛」你，將你所說的一切透露給最不能知道的那個人。所以，在任何時刻，說話都要小心。

　　一九四四年的秋天，史達林邀請英國首相邱吉爾和外交大臣安東尼‧艾登到莫斯科訪問。為表示由衷歡迎，史達林在莫斯科大劇院舉行盛大文藝晚會來招待邱吉爾和艾登，安排的許多節目既精采又豐富，讓兩人目不暇給。

　　中場休息時，史達林請邱吉爾和艾登到休息室飲茶。席間，他們三人談笑風生，氣氛頗為融洽。

喝完了茶，邱吉爾和艾登邊走邊聊，來到了盥洗間。這時，邱吉爾突然心血來潮，想出了一個可以幫助波蘭政府解決人民流亡倫敦問題的新點子。

邱吉爾對於這個想法異常興奮，不僅滔滔不絕地向艾登說明這辦法的相關步驟，還當場沙盤演練起來。直到艾登怕史達林和觀眾等太久，再三提醒邱吉爾，才阻止了他繼續發表。

他們一起回到包廂時，史達林和熱情的蘇聯觀眾們仍陪同他們觀看演出，沒有什麼特別的反應。

隔了幾天，史達林又邀請邱吉爾和艾登到他家共進晚餐。他們抵達時，史達林已經在門口熱情迎接。他們一起穿過一個小小的前廳，當兩人正在欣賞室內景觀設計時，史達林突然指著屋角的一扇木雕門對邱吉爾說：「這裡是洗手間，如果你們想洗手的話，可以在這兒洗手。我知道你們英國人喜歡在這種地方討論政治問題。」

邱吉爾和艾登聽了都很不好意思，這時候他們才知道原來在莫斯科大劇院的洗手間裡安裝了竊聽器，他們的談話都被蘇聯人聽到了。

連足智多謀的邱吉爾，都會犯下如此嚴重的錯誤，萬一討論的話題是攸關國家安全的機密，那後果可就不堪設想了。況且，不管討論的內容重不重要，對史達林而言都是一件失禮的行為。

廁所常常是小道消息的來源，因為人們在內急「解放」之後，精神往往也跟著鬆懈，不自覺地就會將一些平常守口如瓶的消息「不小心」洩漏出來，或者是對一些人的批評，也多半會在這個

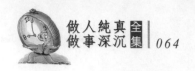

時候流露。

在瞬息萬變的人生戰場上，成功與否取決於人際關係的優劣。而與人相處時所產生的風險，都是發生在讓人意想不到的地方，一個不注意，就會陷入窘境。這也表示，當我們在處理、利用任何訊息時，都必須特別小心。不管是傳達或者接收，都要經過大腦判斷，以防有心人士利用自己來散佈謠言。

做人要是沒有一點防人之心，無異於把自己推向險境。想在人性叢林裡優遊自在，就應當秉持著「做人單純，做事深沉」八字箴言，抱持著純真的態度待人，用精明的態度做事……

心胸寬闊，會有意想不到的收穫

要是可以用寬大的心胸處理好各種複雜的人際交流狀況，必將得到意想不到的收穫，過著充實的生活。

從一個人對待別人的方式，能夠反映出他的社交情形。

一個人若是修養好、度量大，必然較能設身處地替他人著想，做到將心比心，因而能避開許多不愉快的場面。

一個人的度量會隨著環境發生變化、生活歷經磨練而有所不同，因爲某些轉變，有可能使得人心胸更寬大，或者更狹窄。

歷史上眞正能成就大事的人，通常有個寬大的心胸。

在德國一個小城市裡，有一位女孩在音樂會的海報上聲稱自己是名鋼琴家、作曲家李斯特的學生。

可是就在音樂會舉辦的前一天，李斯特竟突然出現在女孩面前，嚇得她渾身顫抖、臉色蒼白，啜泣了許久才訴說自己艱苦的孤兒身世，會冒稱李斯特的學生完全是爲了生計。接著，她跪在李斯特面前，請求寬恕。

「原來如此啊。」李斯特把女孩扶起來，溫和地對她說：「讓我們來看看有沒有需要加強的地方。」

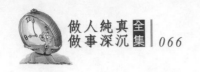

女孩看李斯特這麼和藹可親，感動得說不出話來。李斯特聽著她演奏所要表演的曲子，並且給予指點。

全數彈完後，李斯特爽快地說：「可以了，晚上妳就大膽地上台演奏吧，現在妳已經是我的學生了。為了證明這一點，妳可以告訴劇場經理，晚會增加一個節目，由妳的老師──我，為我的學生演奏。」

第二天，音樂會順利開演。快要結束的時候，全場觀眾突然歡呼起來。原來，彈奏最後一支曲子的不是學生，而是老師李斯特。

一八三一年，蕭邦從波蘭流亡到巴黎。李斯特當時已經是個聲名大噪的音樂家，而蕭邦還是個沒沒無聞的小人物。然而，李斯特卻對蕭邦的才華深為讚賞，一直思考著要怎樣才能使蕭邦贏得觀眾的注意和掌聲。

當時的鋼琴演奏會，為了讓聽眾能夠聚精會神地聆聽演奏，往往會把所有燈光熄滅，讓全場沉浸於黑暗中。於是，當燈一熄滅，李斯特就悄悄地讓蕭邦過來代替自己演奏，所有的聽眾都沉醉於美妙的琴聲中。

等到演奏完畢，燈光一亮，觀眾看到舞台上坐著的是蕭邦，而不是李斯特，都大為驚訝。

人們對於又出現了一位才華洋溢的鋼琴家感到高興，也對李斯特推薦人才的高尚行為表示欽佩。

被譽為「歐洲第一鋼琴家」和「鋼琴之王」的李斯特，不僅

能作曲能演奏，更擁有值得人們學習的寬大胸懷。

一般人碰到冒用自己名義的人，通常是毫不留情地揭穿、指責，李斯特卻反過來幫助對方，甚至親自上場演奏，這是給學生的最高榮譽。

當人到達某種社會地位時，有時候會害怕晚輩或後進超越、取代自己，因此，很多人在提拔人才時，多半有所保留。難能可貴的是，李斯特如此豁達大度、無私地幫助蕭邦，也難怪人們稱讚他有高尚的情操。

美國前總統羅斯福曾經說過：「成功公式中，最重要的一項因素是與人相處。」

這個社會是由人共同組成的，若沒有適度的交流，光憑個人難以生存，人類是必須互相扶持、互相依靠的生物。

要是可以真誠與人相處，用寬大的心胸處理好各種複雜的人際交流狀況，必將得到意想不到的收穫，過著充實的生活。

驕傲只會使自己的世界變小

志得意滿之後，等在前面的就是挫折和失敗。因此，無論怎樣受器重，也要時時意識到自己其實一無所知。

自古以來，英雄、才子身上多半帶著一股傲氣，因為這股傲氣，成就了許多豐功偉業，然而，也因為「傲氣」，落得悲慘結局。

所謂驕兵必敗。人一旦驕傲，就是自毀前程，因為目中無人便得不到人心，便無法集結眾人之力。任憑你有多大的本領，終究只是個人的力量，而個人的力量是有一定限度的。

俄國第一位諾貝爾獎得主巴甫洛夫曾經說過：「不要讓驕傲佔據你心。一旦如此，當你在應該同意的時候，你就會固執。因為驕傲，你會拒絕別人的忠告和友誼的幫助，並且喪失你的客觀見解。」

美國遠東軍司令麥克阿瑟因為資格老、功勞大的緣故，有著極其傲慢無禮、剛愎自用的惡劣習性，即使在長官面前，態度也鮮少恭敬。

一九五○年的某一天，美軍陸軍部長弗蘭克·佩斯和參謀長

聯席會主席奧馬爾‧布萊德雷專程搭飛機前往麥克阿瑟軍隊駐紮地威克島與之會晤。

按照美軍傳統，不論軍階高低，陸軍部長就是全體軍人的上級。但是直至兩人下了飛機，麥克阿瑟都沒有前去迎接，而是坐在不遠處的一輛吉普車裡，等著兩位上司主動走過去交談，高傲無禮的態度顯而易見。

過了不久，杜魯門總統也親自前往威克島。這一次，麥克阿瑟倒是在總統走下飛機時，出了吉普車前去迎接，不過卻沒有向總統行禮。總統是國家軍隊的最高統帥，按照規定，全體軍人都應該向他行禮，就算是功高蓋世的麥克阿瑟也不能例外。

接下來的會談中，當大家正談論重要的議題時，麥克阿瑟突然掏出了他的大煙斗，當著眾人的面，旁若無人地裝滿煙絲，叼在嘴上，並取出火柴來。這時，他停下手，轉頭看著杜魯門總統，露出猶豫的樣子問道：「我抽袋煙，您應該不介意吧？」

周圍的人靜了下來，誰都知道，這不是真心真意地徵求杜魯門總統的意見，麥克阿瑟已經打定主意就是要抽煙。大家都等著看杜魯門總統如何應對，因為如果總統說自己介意，那就顯得太小家子氣了。

這時候，杜魯門總統狠狠瞪了麥克阿瑟一眼，然後微笑著說：「抽吧，將軍。別人噴到我臉上的煙霧要比噴在任何一個美國人臉上的煙霧都多。」

如麥克阿瑟如此傲慢的歷史名人多不勝數，且遍佈中外。在中國有勇猛善戰的關羽，這位威震四方的大英雄因為過於自傲而

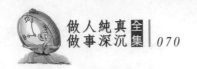
輕敵，最後身首異處，死狀悲慘；法國的拿破崙因爲一連串的勝利而驕傲自大，武斷獨行、不聽勸告的結果，最後於滑鐵盧被英國與普魯士聯軍徹底打敗，被流放到聖赫勒那島。

　　雖然這些天之驕子有值得驕傲之處，然而長處也可能變成短處，成爲自己的致命傷。太過以自我爲中心會讓人喪失理智，惹人厭惡，終將失去人心，善言、忠告不再出現耳邊。更讓許多人冷眼旁觀，等著看天之驕子從高處跌落谷底，不打算發出警告或者伸出援手。

　　天之驕子渾身的傲氣「氣」走的不只是貴人，影響更大的是粉粹自己可能創造出的美好未來。志得意滿之後，等在前面的就是挫折和失敗，那是多麼可笑、可憐又令人惋惜的行爲。

　　人要有傲骨，但不要有傲氣，尤其在學習過程中，絕對不要以爲自己已經知道一切，無論怎樣受器重，也要時時意識到自己其實所知不多。

改變思路，就能找到出路

 不論情況看起來有多麼不可能，只要我們能用柔軟又富創意的頭腦，讓思路轉個彎，一定能想出解決的辦法。

　　天無絕人之路，只有不懂得發現道路的人，在任何環境下，上天都會為肯用心的人開啓一條路。

　　生活中難免有困境，當眼前荊棘一片，似乎無路可走時，與其放棄，不如動動腦筋另闢蹊徑，說不定也能達到終點呢！

　　全球知名飯店的創始人希爾頓先生，當年想要創建希爾頓飯店時，手上只有十萬美元，而總投資額卻至少要一百萬美元。

　　他當時看上的土地屬於一個叫羅德米克的人，僅地價就得十萬美元。但就在這時，希爾頓竟然對建築商說：「立即動工！」

　　希爾頓就是在「借」字上下功夫的，他不買地，而是租賃，租期是九十九年，分期支付租金，每年三萬一千美元。

　　為了達到租地的目的，他與羅德米克約定好，如果他哪一天付不起租金了，羅德米克可以立即收回土地，土地上的建築物一併收回，已經支付的租金也不必歸還。羅德米克心想土地還是自己的，每年都有進帳，萬一希爾頓停付租金，自己還可以白撿

一座飯店，條件實在優惠，於是同意了。

當然，希爾頓不會憑空冒那麼大的風險，他要求羅德米克將土地的抵押權設定給他，羅德米克同意了。

有了抵押權，希爾頓便擁有了向銀行貸款的擔保物，就憑著這個抵押權，他的龐大飯店事業由此開始。

希爾頓創建一百萬美元的飯店，他當時付了多少錢？只付了三萬一千美元！

希爾頓的頭腦非常靈活，這個契約不但使自己順利展開業務，同時也讓對方覺得穩賺不賠，願意欣然接受。也正是因為如此，他才能只靠三萬一千美元的現金，建立起這家價值百萬的飯店。由於他的經營手腕高明，如今在全球各大城市，都可以見到富麗堂皇的「希爾頓飯店」。

天無絕人之路，不過，這條路不會憑空出現，必須靠我們自己去發現。

不論情況看起來有多麼不可能，只要我們能用柔軟又富創意的頭腦，讓思路轉個彎，換個方式看問題，一定能想出解決的辦法。

如果你不是百萬富翁，也沒有家財萬貫、祖傳產業，卻還是想做一番轟轟烈烈的事業，那麼就動腦筋想吧！

路，不只一條，只要找到了屬於你的道路，一定會有成功的一天。

表現特色，就會出色

 每個人有不同的性格、有不同的背景與經歷，因此，
只要能適當地表現出自己的特色，就能為自己做出
最好的宣傳。

在這個人與人之間的競爭比過往更加激烈的時代，要讓自己
的才能與長處顯現出來，就得做點與眾不同的事了。

法國數學家費爾瑪曾經這麼說過：「做出重大發明的年輕人，
大都是敢於向千年不變的規戒和定律挑戰的人。他們做出了大師
們認為不可能的事情來，也讓世人大吃一驚。」

在講究自我行銷的年代，想要表現得出色，就要明瞭自己的
長處，展現出自己的特色，不要一味用世俗的眼光衡量自己。

如此，才能從一堆庸才之中脫穎而出。

一九三三年的一天，英格麗‧褒曼一早來到皇家劇院的門口，
想要參加瑞典皇家戲劇學校的招生考試。這年，她才十八歲，誰
也沒想到後來她榮獲了三次奧斯卡大獎，成了著名的影星。

為了在激烈的競爭中獲得勝利，英格麗‧褒曼事前做了精心
的準備，對自己如何表演更是煞費苦心，希望能夠獨闢蹊徑，與
眾不同。

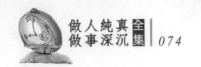
　　她曾向自己的戲劇老師說：「我聽說過，幾乎每一個前來應試的人，都想給考官一個受過正規培訓的印象，所以都是選擇『茶花女』，或者『馬克白』之類的戲碼，在舞台上一把鼻涕一把眼淚地表演。我想，考官們眼睜睜地看著一個又一個年輕女孩傷心得像淚人一樣，心裡一定覺得很不舒服，我們能不能想一個讓考官們開心大笑的創意呢？」

　　她的指導老師聽了，覺得很有道理，就向她推薦了一個小喜劇。劇中有這樣的情節：有位男孩與情人在鬧市見面，男孩是個很風趣的人，本想捉弄一下自己心愛的女孩，誰知這位女孩比男孩更加大膽，反而打情罵俏地撩撥男孩。

　　這天，參加考試的人很多，最後終於輪到了英格麗‧褒曼上台表演。本來這場戲開場時，女孩發現男朋友在前面，便快步跑到男孩的後面蒙住他的眼睛，誰知扮男孩的演員站錯了方向，面對著英格麗上台的方向站著。

　　英格麗上場時，發現對方站錯了方向，已經來不及更正，乾脆從側幕裡一下子跳上舞台中央，站在台前雙手插腰，「咯咯咯」地嬌笑不已。

　　這個別出心裁的創意，一下子震住了全場考官，他們開始交頭接耳，很有興趣地議論，而且聲音越來越大。

　　英格麗見狀，乾脆將考官們也納入角色之中，衝著台下的考官們嬌憨地放聲大笑，盡情發揮開來，一直到主考官喊停：「行了，行了，停下，已經夠了……下一個，請出場。」

　　當時，英格麗真不知道自己是如何下台的，以為自己這下全完了。

　　正當英格麗認為自己不會有希望的時候，卻意外地得到自己

的考試已經通過的消息。不久，她又通過了複試，終於被錄取。

　　原來，那天初試，英格麗一出場，從她笑聲過後的那一刻起，評審們就不約而同地聚在了一起交頭接耳說：「看見了嗎？這女孩一出場就與眾不同，瞧她那先聲奪人的架式，不用再看了，她一定行！」

　　如果將推銷自己看做是推銷一件商品，我們就不難明白英格麗‧褒曼爲何會贏得青睞。所謂「物以稀爲貴」，唯有具備與眾不同的獨特性，才能讓自己從眾多競爭者當中脫穎而出。

　　因爲每個人有不同的性格，有不同的背景與經歷，因此，只要能適當地表現出自己的特色，就能爲自己做出最好的宣傳。

　　英格麗‧褒曼如果也與其他人一樣，只盡心想要表現出自己受過正統精純的戲劇教育，因而選擇與他人相同的戲碼來表演，那麼，不但很可能因爲雷同的演出太多而顯得平凡，甚至因而被忽略，同時也就無法表現出一位未來的巨星那特殊出眾的明星特質了。

　　想要成功，首先要打破常規，除了需要一些勇氣之外，更需要十足的自信與創意的發想，只要掌握了這些，相信我們也能有一番傑出的成就！

能夠負起責任便是勇敢的人

 負責任才是真勇敢，責任要從反省自身開始，要勇於面對錯誤，因為你永遠無法擺脫屬於自己的責任。

現代社會出現了愈來愈多「無責任族群」。

這些人遇到錯誤的第一個反應，就是將責任推給別人，從來不認為自己的行為有錯，甚至把推卸責任視為理所當然的事。遲到就說是因為塞車，工作進度落後是因為有人干擾，說來說去，自己都是最無辜的人。

責任分為兩種，一種是自己分內好的責任，另一種是勇於承擔錯誤的責任。兩種責任都同樣重要，只要是自己所負責、所答應、所犯下錯誤的任何情事，都必須要由自己承擔。

法國總統戴高樂自年少時代就是個菸不離手的大菸槍，他的朋友總是取笑他「只要張嘴，煙會總出口」。

後來，法國將軍勒克雷爾的過逝，讓戴高樂警覺到如果有一天法國遭到侵襲，自己也許就要「重新入伍」，因為勒克雷爾死了就沒有適合的將領了。

因此，他覺得為了國家的安危，一定得好好保養自己的身體，

便下定決心要將菸戒掉。但是，戒菸是一件十分難熬的艱苦任務，他因而痛苦不堪。戴高樂夫人為此還買了糖果來代替捲菸，希望能轉移他對菸的注意力。

不久之後，戴高樂戒掉了幾十年來的抽菸習慣，一直到辭世之前，連一支菸都沒有再碰過。原本不看好這件事的好友們對此感到驚奇，更有人向他打聽戒菸的秘訣，戴高樂給他們的答案只有簡單的三個字：不妥協。

他對大家說：「我已經發過誓不再抽菸了，說過的話要算數。我為自己負責。」

就是因為這種不向環境妥協的意志和對自己負責的態度，使得戴高樂第一次戒菸就成功了。

英軍總司令威靈頓公爵有一次在街上散步時，發現一個小男孩坐在路旁哭得很傷心。他忍不住停下腳步，關心地問著：「怎麼啦？身為一個男子漢可是不能輕易掉淚的。發生什麼事了？」

「明天開始我要到寄宿學校上學了，但是不能帶著我的蟾蜍一起去。沒人願意照顧牠，這樣牠會死的。」小男孩哭訴道。

公爵聽完不僅安慰了小男孩，還答應幫他照顧蟾蜍。

一個星期以後，這孩子從寄宿學校收到了一封信。上面寫著：「陸軍元帥威靈頓公爵向你表示祝賀，並高興地告訴你，你的蟾蜍生活得很好。」

戴高樂總統和威靈頓公爵都為自己所許下的承諾表示負責。即使對象是一根菸或一隻蟾蜍，都不能違背自己的誓言。

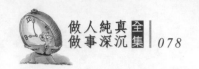
　　待人處世中，不負責任是懦弱的表現。或許你完成了分內的事，也沒有犯錯，但是在面對問題時，爲了避免過失而抱持著模稜兩可、不正面回答的態度，也是不負責任的表現。只是，這種不負責任的態度卻還是不斷發生，所謂的「官方語言」指的就是這種態度。

　　負責任才是眞勇敢，責任要從反省自身開始，而且責任不僅止於做好一件事，更要勇於面對錯誤。注意自己的行爲是否有不適當的地方，然後勇於面對、改正，而不是選擇逃避或故意忽視，因爲這麼做問題終究存在，你永遠無法擺脫屬於自己的責任。

面對危機，要展現應變能力

 如果你擁有靈活的頭腦，並了解應該如何將解決危機的辦法落實在現實面上，這將會是千金難買的寶貴能力。

預料之外的災難發生時，緊急應變能力是非常重要的。

在現實社會裡，我們難免會遭遇到計劃外的變數，而在危機發生時應該如何處理，無疑是值得學習的一門學問。

危難的發生可能沒有預警、沒有劇本，也沒有多少先例可循，要如何面對，需要的是我們的智慧。

讓我們來看看北宋名臣范仲淹的「危機處理」故事。

宋仁宗時，蘇杭一帶發生了嚴重的飢荒。當時擔任浙西地方官的范仲淹想盡辦法，籌集老百姓家中的存糧，向他們募集錢款進行賑災。

蘇杭一帶的人喜歡划船比賽，范仲淹就慫恿老百姓展開各種划船比賽，自己也從春天到夏天都泛舟於湖上。當地老百姓看到連當官的都喜歡泛舟，更是把泛舟當成高尚活動，樂此不疲。

這一帶的人又特別愛好佛事，范仲淹於是又號召寺院大興土木，並對各個寺院的住持說：「今年的工錢特別低廉，可以乘機

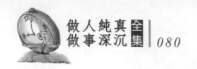

修整寺院。」

於是，蘇杭一帶的寺院紛紛興建各種工程。

朝廷派來視察的御史，看到這種情景十分不滿，向皇上奏了一本，說范仲淹不體察民情，荒於政事，只知道泛舟遊玩和大興土木，勞民傷財。

范仲淹便向皇上力陳自己所以這樣做的原因，表示正是因為蘇杭一帶遇到了少有的飢荒，所以才需要採取這些措施，發動剩餘勞動力為寺院工作，展開各種活動，就是充分利用國家與私人的財物，讓沒有飯吃的人通過自己的勞動獲得報酬。這樣做比單純只是給錢給物的救濟要強得多，而且不會因為發生災荒而衍生暴亂行為。

事實證明的確如此，這年儘管蘇杭遭遇了百年罕見的災荒，但因范仲淹聚糧有方，調動剩餘勞動力有術，災荒當年沒有發生一起盜竊搶劫事件。

范仲淹不但是中國歷史上著名的文學家，從這件事情看來，他的政治能力也相當優秀。以現代的眼光來看，他創造了社會的勞力需求，使那些因為飢荒而無事可做並陷入貧窮的農民群眾，由不安定的社會因子轉化為具生產力的勞動人口，成功地解決了這個問題。

一個不知變通的管理者，很可能在遭遇到危機時束手無策，將自己各方面的缺點曝露出來。反之，如果擁有靈活的頭腦，並了解應該如何將解決危機的辦法落實在現實面上，這將會是千金難買的寶貴能力。

堅定信心，才能美夢成真

堅定信心，努力再努力、嘗試再嘗試，一直堅持到
最後！因為，唯有毫不保留地付出，才能在最後摘
取甜美的果實

大科學家愛迪生曾說：「生活中很多的失敗，都是人們沒有
意識到當他們放棄的時候，已經接近成功了。」

要想成功達陣，不斷的努力與持之以恆的毅力絕對是不可或
缺的。

因為，就在離成功一步遠的地方，缺了臨門一腳，「為山九
仞，功虧一簣」，無疑是最令人扼腕的事。

很多人都知道，電話是美國發明家貝爾發明的，但很少有人
知道，在貝爾之前，已經有人發明了電話，但因為僅僅半毫米的
劣勢而落敗。

這個不幸的人就是萊斯。

萊斯早在貝爾之前就成功研製了一種傳聲裝置，也就是後來
的電話，可惜的是他的電話不能傳話，只能傳送音樂，因而沒有
太大的實用價值。

萊斯的電話沒有實用價值，其中一個非常重要的原因是這種

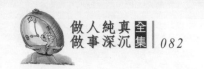
裝置中的一顆螺絲釘少往裡轉了半圈——大約是半毫米。

後來，貝爾改進萊斯的傳音裝置時，其中一個重要的步驟就是將那顆螺絲釘往裡頭轉了半圈。

就因為這樣，奇蹟在貝爾手中誕生了，電話成為了名副其實的電話，可以通話了！貝爾順利地得到了電話的發明專利。

面對貝爾的成功，萊斯目瞪口呆，萬分感慨地說：「我在離成功只有半毫米的地方放棄了，這個教訓我將終生銘記。」

失敗與成功只差半毫米！是的，現實往往就是如此殘酷，只差了半毫米，貝爾的電話永遠被世人記住，而萊斯卻只能在感慨中記取教訓。

我們都有夢想，都曾經想要朝著自己的理想前進，鼓勵自己放手去做，希望終有一天能夠夢想成真。

然而，誰都不知道成功之前有多麼長的路要走，有多麼艱難的挑戰要克服。我們也永遠不會知道，究竟離成功還有多遠的差距，如果我們現在放棄了，會不會剛好就差了這半毫米？

我們所能做的，只有堅定信心，努力再努力、嘗試再嘗試，一直堅持到最後！因為，唯有毫不保留地付出，才能在最後摘取甜美的果實，即使失敗了，因為自己已經盡力而為，也才不會有絲毫遺憾。

不斷努力，絕不輕言放棄，這樣的毅力，才是獲致成功的不二法門。

借力使力，
開創自己的天地

定位清楚，目的清晰，

懂得運用借力使力的道理，

你也能以小搏大，

揮灑出一片自己的天地。

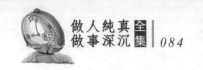
要有具體作為，不要只出一張嘴

 要高談闊論，擺出一副教導者的姿態來批評他人很容易，但是，再多的理論也比不上具體的行動。

「知道」和「實行」之間有著天壤之別。

實行是一件困難的事，因為它需要動力和毅力。人的惰性常讓事情留到「明天」才做，只是明天永遠有明天，不「現在」立刻去做，便沒有開始。因此，做任何事情，最需要的就是跨出第一步的行動力。

就算是跑馬拉松這樣長的距離，也得從第一步慢慢累積而成。光有衝勁卻沒有開始、沒有持續，都是白費工夫。

哥倫布出生於義大利，從小就立志當個航海家。在父親的支持下，他加入艦隊出海，累積了不少航海經驗。一四九二年，西班牙女王伊薩伯拉和國王斐迪南同意派出艦隊遠征，哥倫布的船隊開始了橫渡大西洋的艱鉅任務。

前後四次航行，哥倫布經歷了千難萬險，雖然沒有找到真正的中國和印度，但他發現了美洲新大陸。

哥倫布發現了新大陸之後，便回到了西班牙。在一次慶祝宴

會中，忽然有人嫉妒地高聲說道：「我看這件事不值得這樣慶祝。哥倫布只不過是坐著船往西走，再往西走，恰巧碰上了一塊大陸而已。任何一個人只要坐船一直向西航行，都會有這個發現。」

全場頓時鴉雀無聲，尷尬的氣氛瀰漫整個房間。

這時候哥倫布卻笑著站起來，隨手抓起桌上放著的熟雞蛋說：「各位請仔細看，有誰知道該怎樣讓熟雞蛋尖頭那端朝下，並在桌上站立嗎？」

大家都拿起面前的熟雞蛋，用盡辦法嘗試，但是沒有一個人能成功立起，每個人只好用期待的眼神望著哥倫布，想看看他有什麼妙計。

只見哥倫布輕鬆地拿起雞蛋，把尖頭往桌上輕輕一敲，那外殼微碎的雞蛋就穩穩地立在桌上了。

不滿他的那個人見狀馬上叫道：「這不算數，他把蛋殼敲破，當然可以使雞蛋站立，這誰都會啊！」

這時，哥倫布正色說道：「對！你和我的差別就在這裡，你不敢敲，而我敢敲。世界上的一切發現和發明，在一些人看來都是再簡單不過。然而，他們卻是在別人指出應該怎樣做以後才高談闊論。」

那個大言不慚的人和哥倫布之間的差別在於，一個只有一張嘴，光說不練；一個卻能夠身體力行，以行動證明一切。

生活中常常可以看到有些人對某件事有著長篇大論的見解，講得頭頭是道，可是他們自己卻什麼也不做，殊不知真正碰到問題時，能夠具體實行才是最重要的。

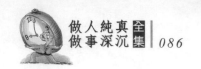

　　要高談闊論，擺出一副教導者的姿態來批評他人很容易，因
為置身事外，任何話都可以說得快樂又簡單。但是，再多的理論
也比不上具體的行動。

　　有很多事情，都必須做了才會發現問題，才能加以改進。也
因此，好的計劃都是在邊做邊修改之中醞釀出來的，沒有什麼事
能夠在一開始就很完美。

　　或許在工作上，有「一張嘴」、「會說話」的人容易受到上
司的喜愛，看起來比較風光。但是，聰明的老闆眼睛是雪亮的，
只有持續努力的人，才能真正有所成就，也才能獲得賞識。

寬容的態度才是最好的溝通方式

只有表現出好的態度，別人才能信任自己、喜愛自己。帶著有禮且寬容的態度應對，才是最好的溝通方式。

在這個紛紛擾擾的時代，人與人之間充滿著爭執、衝突、競爭、交戰，就算你不惹人，別人也會來惹你，就算你不礙事，事情也會自動來礙你，甚至來得莫名其妙，躲都躲不掉！

因此，人與人之間免不了要有交涉。交涉並非為了細分你我或比出高下，而是要共同找出一個最合理且科學的方式來解決問題。

很多人碰到問題時，往往還沒開始交涉，就選擇逃避或者大發雷霆，使得彼此關係凍結，更不用談解決方法了。

在交涉過程中，過於激動或畏縮的態度都不正確，唯有用溫和有禮的態度，動之以情、說之以理，才能贏得對方信任，成功說服對方。

米丘林是俄國植物育種遺傳學家，在果樹培育方面有著非常傑出的貢獻，畢生培育出的新品種果樹達三百多種。

米丘林有一個很大的實驗果園，裡面種著各式各樣雜交而生

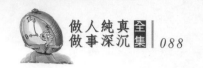

的果樹，碩大肥美的果實常常吸引附近調皮又饞嘴的孩子。他們不時地鑽進果園偷吃水果，使得實驗常常因而受阻，讓米丘林十分頭疼。

有一天，孩子們又鑽進米丘林的果園裡偷水果，但是這一次已經有所防備的米丘林出其不意地跳到了頑童們的面前，一把抓住了他們的「小頭頭」，其他的孩子則跑得不見蹤影。「小頭頭」不知所措地愣在那裡，眼中閃著慌亂的神情，準備接受一頓訓斥或打罵。

但是，出乎意料的，米丘林沒有責罵他，反而把他帶到自己的屋子裡，請他喝茶、吃小點心。「小頭頭」大為不解，小心地吃著手裡美味的餅乾，一面偷偷瞧著米丘林。

等到吃飽喝足了，米丘林才心平氣和地對他說：「你知道嗎？這些果樹可不是一般的果樹，它們有著重大的任務，是拿來做實驗用的。你們摘去的每一顆水果，都有可能把一項重要的實驗給毀掉。」

接著，米丘林又熱情地說：「實驗是很有趣且充滿意義的工作。如果成功了，就能培育出許多全新且好吃的水果，還可以讓一棵樹多結好幾倍的果實。這些等你將來長大了就會明白，或許以後你也會愛上這樣的工作呢！」

「小頭頭」聽了連連點頭，從此以後，再也沒有頑童來偷水果了。

十五年後，一個名叫雅可烏列夫的英俊農學院果樹專業畢業生，在一個風和日麗的早晨前去拜訪米丘林，並懇請他讓自己到實驗園裡做實習生。

米丘林欣然接受了他的要求。

這個大學生就是十五年前偷果子的那個「小頭頭」。他果真愛上了培育果樹的工作。在米丘林用心帶領下，雅可烏列夫成了生物學博士，也是米丘林事業上卓越的繼承者。

「心機」是人際互動之中不可缺少的一環，想要順利達成自己的目的，一定要曉得「做人純真，做事深沉」的道理。

米丘林面對頑童的態度是和顏悅色的，他選擇讓孩子了解自己的苦心，而不是用責備、打罵、一味禁止的方式。只有表現出好的態度，別人才能信任自己、喜愛自己；用良善有理的態度應對，就是米丘林與頑童交涉的方式。

對其他孩子有影響力的「小頭頭」，不僅能徹底遏止其他孩子偷果子的行為，還在無形中為自己的未來鋪路。米丘林當年的一句「或許你會愛上這樣的工作」，為兩人結下善緣，成為日後工作的好夥伴。

在人際交往的守則中，別忘了「交涉」這項學問。帶著有禮且寬容的態度應對，才是最好的溝通方法。

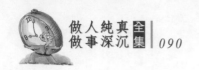

堅持自己的信念，事情一定會改變

 只要堅持做對的事，最終一定會成功的！堅持自己的信念，就能夠讓這個世界的面貌產生重大改變！

世上的人大致可以分爲老虎和老鼠兩種。

老虎之所以成爲老虎，是因爲對自己充滿信心，即使在最困劣的環境中，也能憑著勇氣和意志支撐下去。

至於老鼠之所以淪爲老鼠，是因爲打從一開始就不相信自己有什麼過人的本領，也沒有信心和勇氣想要改變自己，因而終其一生活在陰暗的天地，靠著別人扔棄的腐食過日子。

在東方的社會當中，有一項比較不同於西方文化的特徵，那就是我們對於傳統、對於權威，常常都是敬畏多過挑戰、服從多過懷疑。

傳統自然有其可敬之處，權威當然也有它形成的理由，不過，一個蕭規曹隨、因循過往的文化常常會出現僵化的現象，缺乏「創造」的力量。在這個多變的世界中，保守往往代表了某種缺陷。

知名的舞蹈家鄧肯年齡很小時，就自創了一種新的「自由舞蹈」，該舞蹈不同於當時崇尚的芭蕾舞。

　　當時，許多家長紛紛把孩子送去學習芭蕾舞，鄧肯的母親為了女兒將來能在舞蹈界有一番成就，也將女兒送到一個著名的芭蕾舞老師那裡學習。

　　上課之時，老師要求鄧肯用腳尖站立起來走路。鄧肯問為什麼，老師說這樣才能體現「美」的要素，但鄧肯卻認為這是違背自然的，學了幾天就放棄了，她寧願走自己的路。

　　幾年以後，母親帶著她來到芝加哥。不少劇團經理看了鄧肯表演的舞蹈都說不錯，但也不約而同地認為不適於舞台演出。

　　為了讓餓得發暈的媽媽能吃到麵包，鄧肯不得不違背自己的心意登台，按照經理的要求表演「刺激」的舞蹈。但這樣的演出，是她的第一次，也是最後一次，因為她有自己的目標。

　　後來，母女二人來到倫敦，有幸遇到著名歌唱家坎貝爾夫人。她慧眼識英才，一眼就看出鄧肯新式舞蹈的價值，於是幫助她在英國藝術界大展風采。

　　此後，鄧肯到巴黎、維也納、柏林表演，獲得許多讚揚，狂熱的觀眾稱她是「世界上最偉大的女性」。

　　終於，鄧肯所創作的現代自由舞蹈獲得了世界舞蹈界的認同。

　　鄧肯的成功在於堅持，不論情況有多麼困難，她都堅持走自己的路。

　　我們相信，當她因為生計不得不登台表演芭蕾舞時，心中一定非常難受，而當她的舞蹈被芝加哥的劇團經理們認為「不適於舞台演出」的時候，她的內心也一定充滿了挫折。

　　然而，她還是挺了下來，不妥協、不改變她對舞蹈的堅持，

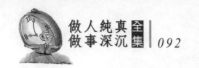
最後終於讓大家都肯定她的演出。

在人類的歷史中，如果沒有像鄧肯這樣的先行者，恐怕我們今天還在寫文言文、還在專制下過生活呢！

這些改變，當初都遭受到極大的反對，然而再多反對都無法抵擋創新與改變的力量，因為，只要堅持做對的事，最終一定會成功的！

鄧肯的故事給了我們勇氣，相信自己，堅持自己的信念，就能夠讓這個世界的面貌產生重大改變！

人情壓力能避就避

 毫無理由的「招待」，背後總是隱藏著意圖，要謹慎面對這些問題，才不會讓對方利用人情關係將自己束縛住。

　　每個人都該擁有屬於自己的交際圈，但是許多人在享有社交活動的同時，也受到其中的困擾。

　　與人互動的時候，彼此間難免會留下一些人情問題。而有些人恰巧又喜歡把這中間的「人情債」掛在嘴邊，施以一點小恩，就希望能從對方那裡得到大惠，這也造成許多因為人情壓力而身不由己的狀況。

　　受名聲所累的邀約，或者來自重量級人物的請託，都是難以拒絕的。想要疏遠這一切，與人交往就必須有方法。雖然拒絕這類事情，必定會增加彼此的距離，但這也是無法避免的。

　　對於不必要的關係，就應該讓它斷掉；不重要的來往，就要讓它淡化。

　　大文豪雨果投入創作一部作品時，簡直到了廢寢忘食的地步，恨不得一天可以當三天用，所有的時間都拿來寫作。

　　但是，由於社交圈的活動是無法避免的，迫使他常常不得不

到外面去出席宴會，即使他一點也不感興趣。煩惱之餘，他想出一個讓眾人驚訝的絕妙辦法——把自己半邊的頭髮和鬍鬚統統理光。

這樣不協調的外表，讓他可以有不失禮貌的理由謝絕一切親友的約會，直到頭髮、鬍子長長爲止。當然，等到鬚髮長齊之後，這位大作家又將一部輝煌的巨著奉獻給人類了。

俄國作家托爾斯泰，因爲寫下長篇巨著《戰爭與和平》和《安娜·卡列尼娜》而聲名大噪，也因此飽受出名的困擾。不斷被跟蹤、接受採訪、參加宴會，更有簽不完的名，陷入深深的苦惱之中。他也清楚地知道，一旦走入這種世俗生活，自己將會被他們捧上了天，而遺失寫作該有的心境。

爲了避開這種情況，他常常獨自一人走進社會，融入貧民區，訪問監獄、法庭、修道院等。他目擊了人民所受的苦難和當權者殘暴、專制的統治行爲，因此，他決定寫一部長篇小說《復活》，揭露和抨擊沙皇的種種罪行，爲生活在黑暗角落的弱勢族群發言。

爲了專心寫作，他將自己鎖在房間裡不想受到任何的干擾，於是交代傭人：「從今天起我『死』了，就在這房間裡。不過，別忘了給我飯吃。」

從此以後，只要有人要訪問托爾斯泰，傭人便會顯出十分悲痛的神情對他們說：「先生『死』了，『死』在誰也不知道的地方，這是先生的遺言。」

慢慢的，所有人都知道托爾斯泰神秘地「死」了，來訪者也因此絕跡。

直到一八九一年，《復活》完稿，托爾斯泰才「復活」。但

爲了修改這部作品，在以後的數年裡，他又不得不「死」了幾次，直到一八九九年《復活》定稿後，托爾斯泰才眞正「復活」了。

雨果用機智而另類的拒絕方式擋掉所有的約會；托爾斯泰不怕任何忌諱，讓自己暫時從人間「蒸發」。不管是哪一種方法，都不得罪人且讓人接受。

在這個現實的世界，並不是所有的情理都能按照一定模式運行。因此對於不同的「人情」，也要有不同的解決、應對辦法。

對於他人的招待，若非必要，應該適當拒絕，以避免掉進人情陷阱，日後得萬般無奈地面對對方的追討。如果拒絕不了，例如同事常常請吃飯，也得找機會好好回請一次，別讓別人有「恩」於己。

不論是生活中、商場間和工作上，遇到的任何事都會有情理存在。毫無理由的「招待」，背後總是隱藏著意圖，要謹慎面對這些問題，才不會讓對方利用人情關係將自己束縛住。

信譽，比什麼都重要

一家有遠見的企業，不應在短視的謊言中喪失了自己的信譽，因為信譽一旦被破壞，不是用金錢或任何東西可以彌補的。

　　我們在職場中、生活上，總會遇到不順遂、不如意的情況，也總會有出紕漏、犯錯誤的時候；這時，若是上司怪罪下來，我們可能會面臨選擇，到底該說實話或是說謊話呢？

　　明明自己沒有做的事，卻說自己做了；明明是自己做的事，卻說自己沒有做。相信我們當中很多人都撒過這樣的謊言吧！

　　再放大一點，公司與公司之間的往來，也因為爾虞我詐，彼此間不信任的狀況十有八九，兩邊都花費許多時間與精力在算計上，商務的焦點反而模糊了。

　　一八三五年，美國金融家摩根成為一家名叫「依特納火災」的小保險公司的股東。因為這家公司不用馬上拿出現金，只需在股東名冊上簽上名字就可成為股東，這正符合了摩根當時沒有現金卻想獲利的心理。

　　不久之後，有一家在依特納火災保險公司投保的客戶發生了火災。如果按照規定完全向該客戶付清賠償金，依特納保險公司

就會破產，保險公司的其他股東們一個個驚惶失措，紛紛要求退股。

摩根斟酌再三，認為自己與公司的信譽比金錢更重要，於是四處籌款並賣掉了自己的住房，低價收購了所有要求退股的股份，然後將賠償金如數付給了那位遭遇了火災的客戶。

一時間，依特納火災保險公司聲譽鵲起。

這時，已經身無分文的摩根成為保險公司的所有者，但保險公司已經瀕臨破產了，無奈之中他只好打出廣告，指出凡是再到依特納火災保險公司投保的客戶，保險金一律加倍收取。

不料，客戶很快蜂擁而來。

原來，在很多人的心目中，這次的事件使依特納火災保險公司成為美國最講信譽的保險公司，這一點使它比很多有名的大保險公司更受歡迎，依特納火災保險公司從此崛起。

多年以後，靠著信譽奠立根基的摩根主持了美國華爾街金融帝國，成為美國億萬富翁摩根家族的創始人。

不少人汲汲營營地想替自己創造物質財富，卻不懂得透過精神財富創造更多財富，於是世間就有成功與失敗、非凡與平庸的差距。

人生最重要的精神財富是什麼？

答案就是信譽！

信譽有多重要？從這個例子就可以很清楚地看出來。

一家有信譽的公司即使在絕境當中，仍能得到眾人的信任與支持，不為什麼，就因為信譽價值連城。

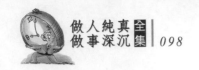
　　同樣的，一個人只要行得正坐得端，即使到了山窮水盡之境，也不用害怕走投無路，因為品格就是他東山再起的憑據。

　　謊言可能在短時間內發揮作用，但是，一家有遠見、有未來願景的企業，不應在短視的謊言中喪失了自己的信譽，因為信譽一旦被破壞，不是用金錢或任何東西可以彌補的。

　　個人的信譽也是如此，因此，想用一些小謊話或敷衍的應對把錯誤交代過去時，請好好三思！

借力使力，開創自己的天地

 定位清楚，目的清晰，懂得運用借力使力的道理，
你也能以小搏大，揮灑出一片自己的天地。

中國武術裡有所謂「四兩撥千斤」、「借力使力」的招數，
也就是自己出最少的力，借著對方的力量發勁的一種巧妙招數。

一個人或一間小公司的力量雖然微小，但如果能懂得運用這
個竅門，說不定會有意想不到的效果呢！

過去，佛雷化妝品曾經壟斷美國黑人化妝品市場。就在這家
公司處於鼎盛之時，局勢有了變化，公司一個名叫喬治‧強生的
銷售人員離職自立門戶，創立了強生黑人化妝品公司，並發誓要
超越佛雷公司。

創業之初，強生黑人化妝品公司只有五百美元資金和幾名員
工，憑這樣的力量，要在佛雷公司壟斷的市場中生存都很難，更
別談什麼超越了。

但是，頗有智慧的強生並不氣餒，首先給自己的產品定位，
集中財力物力生產一種粉質化妝品，產品非常精緻。

在廣告宣傳上，強生出人意表地寫道：「當你用佛雷公司的

產品之後，再擦上一點強生的粉膏，將會收到意想不到的效果。」

這不是拿錢替別人打廣告嗎？事實上並非如此，這個廣告迅速讓強生化妝品崛起，很快成為美國最著名的黑人化妝品之一。

事後，強生自己對那則廣告的妙用解釋是：「這正如很少人知道我叫強生，但是，如果我想辦法站在美國總統身邊，強生這個名字馬上就會家喻戶曉。在黑人之中，佛雷化妝品聲名遠揚，如果我們的產品和它的名字一齊出現，我們的身價自然抬高了。」

整個廣告行銷的方式看起來有些像是孤注一擲的冒險之舉，但其實是很聰明的一個「搭順風車」的辦法。

在那個年代，要在宣傳上突破大公司砸下重金、累積多年實力的名聲是相當困難的事，但強生此舉卻成功地打開了自己產品的知名度。

他對於產品的定位非常清楚，目的也很清晰，因此能一舉將自己的產品與大公司的產品拉到了同等的地位。

強生的公司小、資金少，因此與其推出許多低廉的劣等商品，不如聚集財力和精力在一個產品上，在品質上面做到最好。強生的方向很正確，廣告策略也非常明確，值得小公司借鏡。

懂得運用借力使力的道理，你也能以小搏大，揮灑出一片自己的天地。

多用筆來幫助自己記憶

 與人交談時，將重要的事記錄下來，這是對別人的一種尊重，也是為自己負責的表現。

當一個人就算事情再多、再瑣碎，也有辦法將每一項工作處理得有條不紊，將每個小細節都交代得清清楚楚的時候，他就成功了。

很多人對自己的記憶力非常有信心，尤其是一些被認為無關緊要的小事，他們也可以清楚記得。可是時間一過，那些被記得牢牢的、理應不可能忘掉的事情，往往就這樣「隨風而逝」，連個痕跡也沒留下。要不然就是在需要用到之時，得花上好一段時間回想，想到的卻還只是些零星的片段。

或許，有人認為這只是件微不足道的小事，可是當這件「小事」影響到做人的信用時，那可就關係重大了。

一九四四年耶誕節前夕，艾森豪突然接到一封來自蒙哥馬利將軍的電報，內容寫著：「看樣子你要欠我五英鎊了。」

參謀人員以為這是重要軍事行動的暗語，緊急送到交艾森豪手上。沒想到艾森豪看完只是不以為意地笑著，接著他就拿出五

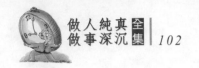
個英鎊,派人送去給蒙哥馬利。

原來,這是一筆賭債。

這個賭注是在一九四四年的秋天定下的,當時艾森豪爲盟軍遠征軍總司令,正前往義大利墨西拿灣蒙哥馬利的作戰指揮所巡視。當艾森豪和蒙哥馬利談論起戰爭未來發展的問題時,兩人各持不同的意見。

艾森豪認爲歐洲的戰爭一定會在耶誕節之前結束,蒙哥馬利則保證歐洲的戰事要打到一九四五年,兩人誰也說服不了誰。於是蒙哥馬利就提議以這件事來打賭,看看誰的判斷是正確的,艾森豪也立即答應。

在緊張的軍旅生活中,打賭早已成爲蒙哥馬利生活中的一件樂事。每逢與人發生爭論,相持不下時,他就與對方打賭。

雖然,蒙哥馬利每次打賭的賭注數目並不多,但卻非常認眞看待,甚至爲此專門設了一個記錄簿,上面記錄每次打賭的原因、日期以及賭注。不僅如此,他還會要求參與者必須正式簽字以示負責。這次和艾森豪的打賭也不例外,艾森豪的副官布徹爲他們做了記錄。

這次,蒙哥馬利贏了,因爲一九四四年的耶誕節只是讓人「看到了」勝利,但還未「取得」這個勝利。德軍仍在東西兩線頑強抵抗,而東線的蘇聯紅軍則尚未攻佔東普魯士,兩線盟軍的進攻都不順利。

雖然忙碌的艾森豪早已忘記這件事,但是,蒙哥馬利絕對不會忘記。一來他是贏家,二來他有記錄。

　　蒙哥馬利凡事記錄的好習慣，除了幫他拿回贏得的賭金外，也顯示出他帶兵處世謹慎的一面。同樣的道理，我們與人交談時，並不是聽過就算了，有些重要的事還是得記錄下來，這是對別人的一種尊重，也是負責的表現。

　　或許只是當下口頭允諾對方一件小事，但是若因為忘記而沒做到，就會變成「失信」。幾次下來，對方若有「大事」想找人合作，大概也會因為你幾次失信的印象，而不敢再找你，無形中便會使你失去了許多機會。況且，一旦被認定的壞印象，再多的努力都無法彌補過來。

　　此外，你的記錄最好別只是「簡潔有力」。畢竟人的記憶力會隨著時間而模糊，雖然有印象，卻不完整。如果能夠詳細記錄是最好的，或者在記憶猶新之前馬上補記完整。寫下的備忘錄也要定期整理，否則因為記下的東西過於雜亂、找尋不易，也只是浪費時間，無法使用的記錄也不過是一堆「廢紙」。

　　隨時做記錄，雖然是一件小事情，卻可以看出一個人的工作態度，讓人對你的處事風格留下認真且放心的印象。

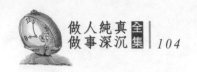
別為了獲得好處而掩人耳目

千萬留意，群眾的眼睛是雪亮的，騙得了一時，騙
不了一世，謊言一旦被揭穿，隨之而來的可能是非
常嚴厲的後果。

印度文學家泰戈爾曾說過這麼一句話：「虛偽永遠不會因為
它生長在權力中而變成真實。」

我們常常會犯下一個嚴重的錯誤，那就是將虛假的東西誤以
為是真實的，將自己沒有的東西想像成有的。

做人應該有幾分把握才說幾分話，如果自己只有五分把握，
外表卻假裝自己有十分，那就是虛偽的欺騙；這種欺騙可能在一
時之間掩人耳目，但是卻無法永遠隱瞞下去。

很久以前，所有的動物都生活在山林裡，那時候的人們並不
了解動物們的專長。後來，人類經過千辛萬苦把這些動物統統都
馴服了，才把牠們帶到自己居住的地方，並且決定讓牠們幫助人
類做事。

但是，人類不了解這些動物擅長做什麼工作，所以決定進行
一次測驗，然後根據牠們各自的能力安排牠們的工作。

這場測驗就這樣開始了，許多動物都來了，有的只是來看看

熱鬧，有的則是誠心誠意的想參加。

第一項測驗是賽跑，人類安排好了賽程和比賽的規矩後，問牠們：「誰要參加這個項目的比賽，請站出來。」

馬站出來，豬不甘示弱也站了出來。比賽開始了，馬奮力地向前跑，豬也奮力地往前跑，可是豬拐過山坡就鑽進了樹林，躲了起來。

睡了一小覺之後，牠聽到馬蹄聲，知道馬繞了一圈跑回來了，這才跑出樹林，和馬並排跑到了終點。

人們說：「豬那麼胖，居然和馬跑得一樣快，真不簡單。」

第二次比賽耕田，人們問：「誰願意參加這項比賽？」

牛走出隊列，豬也搖擺著自己肥胖的身體走了出來。

比賽開始了，牛專心地耕地，豬卻耍滑頭，在地上打了一個滾，弄了滿身泥，還故意對牛說：「加把勁啊！不要辜負了主人的熱心關照！」

人聽了豬的話，心裡很舒服，心想豬為人厚道，不但幹活不怕髒，還關心別人、鼓勵別人，真難得！

結果這場測驗豬又勝利了。

第三個比賽項目是唱歌，人們說：「這項比賽誰參加呢？」

愛唱歌的公雞立即蹦到人的面前舉起了翅膀，豬也再次來到人的面前，表示要參加歌唱比賽。

比賽開始了，公雞高高地昂起頭，挺起胸，嘹亮的歌聲直衝雲霄。

而豬呢？牠哪裡會唱歌，只會隨便哼哼啊啊地叫。可是，牠自有辦法，每次公雞張嘴的時候，牠也跟著唱，公雞閉嘴的時候，牠也趕緊閉嘴。這樣，居然騙過了眾人的耳目。

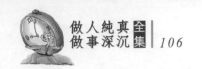
人以為豬唱得很好，這場比賽牠又贏了。

通過考察，人認為只有豬是全才，對豬十分重視和喜愛。

但是，沒過多久，豬的偽裝就被人發現了。人讓豬去耕地，豬卻在地裡亂跑。人讓豬報曉，豬每天只會睡懶覺，太陽出來了才懶懶地爬起來。人要騎著豬出門趕集，結果豬把人甩在地上。

人這才知道豬什麼才能都沒有，只會騙人。

從此，人決定養豬只為了吃肉。

法國思想家盧梭曾經寫過一句值得深思的警句：「禽獸根據本能決定取捨，而人類則通過算計來決定取捨。」

人活在世上，不管做人或做事，難免要遭遇許許多多「人性習題」。我們不難發現，成功者並非比失敗者有腦筋，只不過他們面對「人性習題」，取捨之時，比失敗者多了一點心機。

但是，心機千萬別耍過頭，否則難免變成豬頭。

故事裡的豬唱作俱佳，可以說是非常狡猾的表演者，在許多方面都騙過了人類的耳目，讓大家相信牠擁有事實上並不屬於自己的才能。

但是，請千萬留意，群眾的眼睛是雪亮的，騙得了一時，騙不了一世，謊言一旦被揭穿，隨之而來的可能是非常嚴厲的後果。

下次當我們為了得到一些好處或利益，而宣稱自己擁有並不真實的才能或資格時，最好還是三思而後行吧！

身為評鑑者的人則更要注意，千萬不要受到迷惑，誤會了豬的才能，否則等到事實真相浮現之後，再懊悔自己識人不清，就來不及了。

提升應變能力，
才能逢凶化吉

現實生活裡，任何事都可能發生，

許多人習慣以硬碰硬，

或以強制的手法來解決事情，

其實，這種方法只會讓事情變得更加棘手而已。

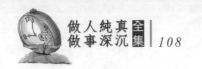
兩全其美才是最高智慧

 遭遇到兩難的問題時，如何在「事」與「人」這兩端間尋找到一個兩全其美的平衡點，是值得學習的思維方式。

　　在職場上或生活中，有時難免會遇到一些難以兩全的問題，例如，如果這樣做，難免疏忽了那一邊；如果那樣做，難免這一邊又不周延。凡是在牽涉到「人」的因素時，就會讓這類的問題更加複雜。

　　每個人都有自己的立場跟想法，但是事實常常是無法兩全其美的。在我們必須面對這類問題的時候，應該怎麼辦呢？

　　阿赫默德是個威嚴的國王，但他只有一隻眼睛和一條臂膀。有一天，他召來三位畫師，命他們爲自己繪製肖像。

　　國王對三位畫師說道：「我希望有張威武勇猛的畫像，請你們用彩筆精心描繪出我身跨戰馬馳騁疆場的模樣！」

　　到了期限這一天，號角嘹亮，宮殿堂皇，國王威嚴地端坐在王位上，畫師們誠惶誠恐地獻上了他們畫成的肖像。

　　國王站起身來仔細端詳第一位畫師獻上的肖像，不由得怒髮衝冠，氣滿胸膛。

　　因為，他認不出自己的面目！

　　國王斥責說：「騎在馬上的這位君王兩隻手握著弓箭，兩隻眼睛正視前方，這不是我騎在馬上。我只有一隻眼睛，一條臂膀。我要你立刻回答，怎敢大膽粉飾我的形象？」

　　惱怒的國王下了一道旨令說：「畫匠弄虛作假，判處流放！」

　　國王拿起第二幅畫像，不由得渾身顫抖，怒火萬丈。

　　他覺得無上尊嚴受了污辱，怒吼道：「好一副歹毒心腸！你膽敢讓我的仇敵開心，竟然醜化你的君王！你這個居心叵測的小人，專畫我一隻眼、一條臂膀！來人！推出去砍了。」

　　可憐這位寫實主義的肖像畫師，年紀輕輕便成了刀下之鬼。

　　第三位畫師見到前面兩個畫師的遭遇，硬著頭皮捧上了另一幅肖像。

　　畫面上的這位國王側身騎馬，不是面向看畫人，因此，看不出他有沒有右眼，也不曉得他是不是一條臂膀。只看見一條健壯的左臂，緊緊地握著一面盾牌，一隻完好無損的左眼，像鷹梟的眼睛一樣銳利明亮！

　　國王非常滿意，當場就吩咐賞給這位畫師金銀財寶。

　　從此，這位畫師就備受青睞，官運亨通，臨終時他的胸前掛滿了勳章。

　　這位畫師的聰明，就在於他能夠不扭曲事實，也不傷害到國王的自尊，以巧妙的手法兼顧兩者。

　　這位國王顯然不是一位自欺欺人的君主，但他也無法忍受在誇耀自身勇武的畫像中，將自己的殘缺曝露在敵人面前。因此，

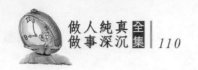
第三位畫師的肖像畫，能在不違背事實的前提下，將國王的威猛表現出來，而獲得國王的賞識，這不得不說是一種歷練過的智慧。

我們在遭遇到兩難的問題時，應當學習這位畫師的智慧，或許有些人會覺得這樣未免狡點，但在今日的社會，如何在「事」與「人」這兩端間尋找到一個兩全其美的平衡點，是值得學習的思維方式。

別被身邊的小人耍得團團轉

只要讓自己快速學會對付小人，你就能在小人欺負你時，知道如何見招拆招，反過來牽著對方的鼻子走！

　　作家蒙森曾說：「凡是小人，通常都有一個共同點，那就是他們往往都會戴著貴人的面具出現在你身邊。」

　　因此，千萬別天真地以為在你最困難無助的時候，向你伸出援手的人，就是拯救自己的貴人，因為，這個在你眼中的「貴人」，極有可能就是在背後讓你陷入困境的那隻黑手。

　　為人處世有個很重要的教訓是：不可太信任別人。當然，這並不是教你陷入另一個極端的猜疑，而是提醒你要有點心機，凡事要先進行了解，千萬不要因為人家說什麼，你就照著做什麼，否則就會被身邊的小人耍得團團轉。

　　紐約電話公司的總經理麥卡隆，因為小時候被人開了一次大玩笑，於是學會了自我判斷與自我解決事情的能力。

　　當時他還是個小孩，雖然工作經驗還不少，卻很容易上當。那時的他在火車站的車道上做各種零工，常常受到一些工人愚弄。

　　在一個炎熱的夏天中午，位於山岩與河流之間的車站熱得像

鍋爐一樣，有個叫比爾的工頭，卻煞有介事地要求麥卡隆去拿一些「紅油」，以便晚上點「紅色的電燈」之用。

他告訴麥卡隆「紅油」得到圓房子裡拿，麥卡隆恭恭敬敬地接收指令，便到那裡跟他們要「紅油」。

「紅油？」那裡的職員十分奇怪地問：「做什麼用的呢？」

「點燈用的。」麥卡隆解釋說。

「啊，我曉得了。」那個職員心中似乎明白了：「紅油是在過去那個圓房子的油池裡。」

於是，麥卡隆就在那滾燙的焦煤渣上又走了一里路之遠。到了油池那裡，有人告訴他「紅油」並不在那裡，更不知道那是什麼東西，於是便叫他到站長的辦公室裡去問清楚。

麥卡隆在大太陽底下，就這麼來來回回走了一整個下午，最後他著急了，便跑去問一個年老的工程師。

這個慈祥的老工程師心疼地望著他說：「孩子呀！你不曉得那紅光是紅玻璃映射出來的嗎？你現在回到工頭那裡去和他理論吧！」

麥卡隆得到這次教訓後，發誓以後絕不要像呆子一樣，被人玩弄了還搞不清楚狀況，他決心以後做任何事都要把眼睛睜大，耳朵聽仔細，腦袋瓜子也不再只是用來放帽子的地方。

每個人的身邊都會圍繞一群小人，諷刺的是，我們都曾因為認識不清，對這群小人深信不疑。在這個大家認為「小人不能惹」的年代中，具備一點心機，做好自保工作，無疑是防範小人耍奸耍詐的首要課題。

害怕被小人愚弄、欺負嗎？那麼你就要把眼睛睜亮點，腦子放靈活些，懂得判斷，並且努力學習。

只要讓自己快速上手，你就能在小人欺負你時，知道如何見招拆招，反過來牽著對方的鼻子走！

不要習慣依賴別人，也別老是等待別人的答案，你必須要有自己的判斷力，要有自己看待人事物的方法，多用自己的大腦去思考，你才能走出自己的路。

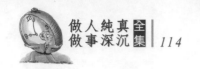
不要用情緒解決問題

「以柔克剛」的溝通技巧，不僅讓可能引起對立的情緒消失，更能心平氣和地溝通交談。

德國作家孚希特萬格說：「只有傻子才會對照出自己容貌的鏡子生氣。」

這番話告訴我們，面對別人的批評，先按捺住情緒，勇敢檢討自己所有的缺失，才是明智之舉。

日本知名的心理學者多湖輝先生，就讀大學的時代，曾遇上一位教學非常嚴格的德文教師。

有一次，講課之時，這個德文老師不小心犯了一個錯誤，而發現這個錯誤的，只有多湖輝一個人。

於是，多湖輝為了讓老師出醜，便直指老師的錯誤，但是老師卻很謙虛地說：「你說得對，能發現這麼重要錯誤的，只有你一個人，其他的同學都沒發現嗎？是不是都在睡覺呢？」

老師誇讚了多湖輝之後，接著說：「這個部份是每個人都很容易出錯的地方，大家要特別注意。」

本來，多湖輝和同學們都認為，老師會因為學生的指責而惱

羞成怒,沒想到他竟是如此友善,虛心受教,誇獎多湖輝後,反而讓學生們對老師產生了敬重,更加肯定他的教學,從此也不再批評老師嚴格的教學了。

從多湖輝的這則小故事中,我們學到了另一種「以柔克剛」的溝通技巧,更學到以「謙虛為懷」化解問題的好處,不僅讓可能引起對立的情緒消失,更能心平氣和地溝通交談。

這正是習慣以情緒解決問題的現代人,所必須學習的技巧。

批評和指責的原因一點也不重要,重要的是,在發現問題後如何改善,並且記得不再犯同樣的錯。

所以,下次若有人不客氣地告訴你:「你知不知道你犯了很大的錯誤」時,別急著動火,先說聲「謝謝」。

相信對手會因為你的虛心受教,願意提供更多的意見,甚至給予協助,為彼此創造雙贏的新局。

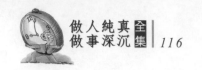
提升應變能力，才能逢凶化吉

 現實生活裡任何事都可能發生，許多人習慣以硬碰硬，或以強制的手法來解決事情，其實，這種方法只會讓事情變得更加棘手而已。

任何事情都有正反兩面，就像一把刀，如果你抓的是刀刃，最好的事情也會傷害你；如果你抓的是刀柄，那麼最有害的事情也會保護你。

在這個小人橫行的年代，遇到凶險能不能保護自己，讓自己全身而退，關鍵就在於應變能力的強弱。

想要避免突來的災禍，必須多多訓練自己的危機應變能力，學習基本防身術或是研究人性心理，都將有助於提高機警、應變的能力。

一天深夜，有個打算犯罪的男子，在地鐵站盯上了一位婦女。

出了車站之後，這名男子一路跟蹤婦人，一直跟到了一個很偏僻的地方。此時夜深人靜，男子見四下無人，便準備伺機對婦女行搶、施暴。只見他加緊了腳步，一下子就趕上了這位婦女，沒想到就在這個時候，婦人突然轉過身來，以十分誠懇的語氣說：「啊，先生，很高興能碰上你，現在夜深人靜，路又黑暗，我一

個人要趕路實在很不安全，你可不可以陪我一段路啊！」

　　婦人拜託這名男子，並且以非常信任的口氣對他提出請求，這個舉動竟讓男子一時間不知所措，只好茫然地點頭答應了。

　　一路上，婦人將他當做是熟識的朋友一般聊天，一點也沒有把他當成歹徒加以防備，這使得原本想犯案的男子，不知不覺地將她送到家門口，始終沒有採取任何行動。

　　事後，這個男子回憶說，他本來是想對她行搶、施暴的，但是因為她的這個舉動，不僅令他打消了犯罪念頭，更使他恢復了正常的人性，從此他再也沒有動過犯罪的念頭，反而多了份行俠仗義的企圖心！

　　其實，根據犯罪心理學家的研究，一般罪犯者在心理上比較自卑，往往缺乏信心，對自我價值抱持著否定的態度。

　　這位婦女是以肯定人性的心理戰術，並且機警地運用「以柔克剛」的態度，不僅順利地感化了對方，也為自己化解了一次危機。

　　現實生活裡，任何事都可能發生，許多人習慣以硬碰硬，或以強制的手法來解決事情，其實，這種方法只會讓事情變得更加棘手而已。

　　試著放軟身段吧！不要以卵擊石，而要以柔克剛，如此才能逢凶化吉。

正話反說，就能把事情輕鬆解決

 如果我們能從人性的心理著手，以旁敲側擊或是正話說的方式克服，不僅不會得罪任何人，還能收到很好的功效。

戴爾‧卡內基在《人性的弱點》裡說：「太陽能比風更快地脫下你的大衣；風趣幽默的方式，比任何命令更容易改變別人的心意。」

日常生活中，有些人的習慣是無法用強制的方法加以改變的，與其命令，倒不如反其道而行。

在印度，許多婦女都習慣帶著帽子看電影。

可是，這些帽子常常擋住後面觀眾的視線，於是便有員工建議電影院的經理，張貼個公告，禁止她們戴帽子進場。

但是，經理卻搖頭說：「這樣限制的話，恐怕會造成觀眾的流失，我還是必須尊重她們戴帽子的習慣。」

大家聽了之後，都感到十分失望。

不過到了第二天，在影片放映前，這位經理卻在銀幕上播放了一段公告：「本院為了照顧『衰老有病』的女客人，特別允許她們戴著帽子，即使電影放映時也不必摘下。」

　　但是，當這串文字從螢幕上一跑出來，所有的女客人立刻都把帽子給摘下來了。聰明的電影院經理，利用一般人害怕衰老有病的心理，沒有得罪任何客人，輕輕鬆鬆地就把問題給解決了。

　　我們習慣以「限制」或「法令」來強制規範別人的行為，成效不彰的情況比比皆是，這是因為大多數人都不喜歡「被約束」的感覺。

　　如果我們能從人性的心理著手，以旁敲側擊或是正話反說的方式克服，不僅不會得罪任何人，還能收到很好的功效。

　　遇到那些蠻橫不講理或不遵守規矩的人，大文豪莎士比亞提醒我們：「不要輕易燃起心中的怒火，它燒不了敵人，只會灼傷自己。」

　　每個人的周遭都有一些讓人難以忍受的人，當你想挺身而出主持公道的時候，千萬不要輕易抓狂，應該暫時忍下心中的憤怒與衝動，如此才能冷靜想出應變知道，輕鬆戰勝這些人。

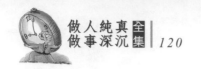
保持鎮定，你才能脫離險境

開始行動的時候，一般人都會非常專注而仔細，但是，這樣的努力往往持續不到幾分鐘，便慢慢地開始失去了耐性了。

詩人白朗寧曾經說過：「一個人成功與否，並不在於如何循規蹈矩，而在於是否能在關鍵時刻用些心機。」

每個人都有個性上的缺點，也有著視野上的盲點，遇到危險的時候，只要你能保持鎮定，掌握這些人性的通病，就能幫助自己脫離險境。

你必須提高應變能力，把自己訓練得像兔子一樣敏捷，像狐狸一樣狡猾，像老虎一樣沉穩而又凶悍。

一八九七年，密謀策動革命的列寧，被俄國沙皇當局逮捕，流放到西伯利亞邊區。到了西伯利亞，列寧仍不放棄革命活動，積極地在各地運作，並和各區革命活動的參與者保持聯繫。

當然，沙皇也沒有放鬆對列寧的監視，不過機警的列寧每次都能巧妙地擺脫險境，而這些機智表現，更加突顯了他的智慧與勇氣。

一八九九年五月二日的晚上，沙皇的憲兵隊突然闖入了列寧

的住處進行搜索。遇上這個突如其來的搜查行動，列寧仍從容而鎮定地將椅子遞給憲兵，讓他們有個輔助工具能站上去，方便搜尋櫃子的頂端。

於是，憲兵們都爬上了椅子，開始仔細搜查。剛開始，他們找得非常仔細，但是面對著一疊又一疊的統計資料，看得都昏頭腦脹了起來，慢慢地也失去了耐心，一直搜到下面幾格抽屜時，他們只是隨便地掃了掃，就不再繼續搜索了，最後扔下滿屋子的紙張卡片，一無所獲地離開。

其實，他們都沒料到，只要他們搜查得再仔細一點，馬上就可以找到他們所要的證據了。因為，列寧最重要的秘密文件和書信，正是放在櫃子最下面的那幾個抽屜裡。

開始行動的時候，一般人都會非常專注而仔細，但是，這樣的努力往往持續不到幾分鐘，便慢慢地開始失去了耐性了。

關於這一點，列寧當然非常清楚，所以他使了一些心計，鎮定地轉移憲兵們的注意力，讓那些士兵們開始產生「三分鐘熱度」的效應，使自己躲過這場危險的搜查行動。

換個角度想，我們是否也像這些憲兵一樣，經常是三分鐘熱度？

在這個故事中，除了告訴我們保持鎮定的重要性外，另一個重點，就是做任何事都要堅持、有耐心，只要能多堅持一秒，成功就能與我們更靠近。

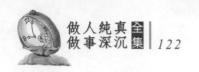

嘲弄，也是應付小人的方式

連大學者胡適，都曾被狠狠地被嘲諷了一番，那些總
是粗淺學習的人，或老是帶著半調子而自大驕傲的人，
更不值一提了。

　　俄國幽默作家契訶夫曾經說道：「一次絕妙的嘲笑，所起的
作用會比十次訓話還大得多呢！」

　　在某種情況下，嘲諷令人厭惡的小人，不失為制止他們氣焰
的好方法。

　　有一段時間，胡適對於墨子的學說很感興趣，而且也下了許
多功夫研究，自認為頗有心得。

　　在一次宴會中，胡適與黃季剛正好坐在一起，一坐下來，便
迫不及待對黃季剛大談墨子思想。但是，黃季剛在他說完後，突
然大罵道：「現在講墨子的人，都是混帳王八蛋。」

　　胡適知道黃季剛素有「黃瘋子」的外號，既然話不投機半句
多，只好忍住不再多話，對剛剛的事也不作任何回應。

　　但是，怎料黃季剛竟繼續罵著：「胡適的父親是混帳王八
蛋。」

　　這下子，個性和順的胡適再也忍不住了，氣憤地對著黃季剛

怒斥不該侮辱他的父親。

　　沒想到，黃季剛卻反而微笑著說：「你不要生氣，我只是要考一考你，你知道墨子講求兼愛，也說他是無父的，但在你心中卻仍有父親，可見你還不是墨子的標準信徒。」

　　雖然這是一句很粗俗的玩笑話，卻一針見血地說中了胡適對於墨學研究不夠深入的事實。

　　黃季剛的這句玩笑，讓胡適知道所學不夠專精的缺點，用「話中有話」的方式對胡適作指導，如此一來，反而減少了直指缺失時的對立。

　　這則故事隱藏了兩個不同的意義，一是用玩笑話的解題技巧，另一個則是深入研究的重要性。

　　尼采說：「凡事一知半解，寧可什麼都不知道。」

　　連身為大學者的胡適先生，都曾被黃季剛評定為研究不夠深入，還被他狠狠地被嘲諷了一番，那些總是粗淺學習的人，或老是帶著半調子而自大驕傲的人，更不值一提了。

　　從這則小故事中，我們不難理解，有時候，適時地加以嘲弄也不失是應付小人的一種方式。

智力會提高成功的機率

不管是在商場上，還是政治爭鬥中，只要你能比別人多用一分智力，那麼你就能比別人多十分的成功機率。

在人生的各項競爭中，是否具備聰明才智，往往是決定勝負的關鍵。

因此，平常就得經常鍛鍊自己的腦力，讓才智像太陽一樣發光，如此它才可能成為你克敵致勝的秘密武器。

宮本武藏是日本史上最著名的劍俠，不但武藝超群，而且對兵法、禪學及心理學都有相當的研究。

因為他上知天文又下知地理，更懂得舉一反三，將理論落實於生活中靈活運用，所以總是能在歷次爭鬥中獲得勝利。

像他和佐佐木小次郎在岩流島的決鬥，就充分地顯示出他的作戰技巧。

首先，他和對方約定好決鬥的時間，接著故意遲到二個小時，這麼一來，對手在等待的過程中，便會產生厭惡和急躁的情緒，而導致注意力的分散。

第二，在準備決鬥之時，宮本武藏刻意選擇了背向大海的位

置，如此一來，佐佐木小次郎就正好面對直射過來的陽光，因為受到陽光的刺激，雙眼便很容易產生疲勞。

而且，聰明又狡猾的宮本武藏站在背對太陽的方向，對於面向太陽的小次郎來說，宮本武藏冷酷的形象便會加大，於是，在戰前的心理交戰中，宮本武藏就已經佔盡了優勢。

所以，佐佐木小次郎在無法充分發揮實力下，便被對手一劍刺死了。

雖然，當時在場監戰的高手都指出，小次郎的戰鬥實力並不比宮本武藏差，甚至比他更強。但是，宮本武藏善於利用天勢、地理等條件，又能掌握對手的心理，自然也就顯得技高一籌了。

真正的高手不會用蠻力迎戰，而會採取以智克人的方式，靠機智獲得最後的勝利。著名的空城計，讓諸葛亮不戰而屈人之兵，順利嚇走司馬懿，那不只是一場成功的守城，更是諸葛亮結合了心理戰術，以智取勝的結果。

援用到現實生活中，不管是在商場上，還是政治爭鬥中，只要你能比別人多用一分智力，那麼你就能比別人多十分的成功機率。

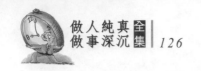

答案就在自己的手裡

人生的難題其實並不難，難就難在捏在手中的「鳥兒」，老是被鑽牛角尖的人粗暴地捏死、輕易地放走。

每個人的身邊都有一些小人，像揮之不去的蒼蠅，整天忙著進行損人、害人的卑劣勾當。有的人雖然還稱不上小人，卻喜歡用一些奇奇怪怪的問題刁難別人，讓人煩不勝煩。

面對老是喜歡用問題刁難別人的人，你大可告訴他們：「要想解開人生的種種難題，請努力從自己身上尋找解決的方法吧！別老是依賴別人的答案，因為答案其實已握在你的手中。」

有一個很古老的故事是這樣的：從前有位老智者，不論人們問他什麼問題，都能給對方一個滿意答案，而且從來沒有出錯過。

有一天，村裡一個聰明的小孩，終於想出了一個難題，準備要考考那位聰明的老人。只見他拿了一隻小鳥，來到老人家住的地方，一進門就笑嘻嘻地問老人說：「你說，我手裡的鳥是活的，還是死的？」

智者沉思了一會兒，回答說：「我的孩子，如果我說這鳥是活的，你肯定會把牠捏死；如果我說牠是死的，你也一定會鬆手

讓牠飛走。所以,這個問題的答案,就在你自己的手裡。」

　　從這個故事裡,不知道你得到了什麼樣的訊息和啓示?

　　你可以用兩個角度來看,一個是小孩子的,一個是老智者的。

　　前者所表現的正是多數喜歡自尋煩惱的人,這類人不是喜歡鑽牛角尖,就是只會怨天尤人,總是喜歡用模稜兩可的問題刁難別人,就算答案已明擺在他們的眼前,他們也會吹毛求疵或試圖狡辯。

　　遇上這些煩人的人,老智者知道多說無益,唯有他們自己省悟了,事情才會得到真正的解決。

　　遇到類似的狀況,如果你懂得巧妙應對,不但讓對方無法得逞,更表現出自己的泰然自若,不只替自己解圍,同時也突顯出自己的睿智。

　　人生的難題其實並不難,難就難在捏在手中的「鳥兒」,老是被鑽牛角尖的人粗暴地捏死、輕易地放走。

面對挑釁，
何必太認真？

若是你不希望讓周遭的小人煩擾生活，

不希望被無謂的事情擾亂心情，

就讓看事情的視野多一些角度吧。

不要聰明反被聰明誤

 不要太相信自己的學經歷，天才與蠢才之隔，就是一個時常動腦思考，一個靠著小聰明而頻頻跌倒。

德國科學家貝爾納曾說：「不少學者就像是銀行的出納人員，即使掌握了許多金錢，這些錢也不是他的財產。」

正因為如此，我們才會在層出不窮的詐騙案中，赫然發現許多受害者有著超高學歷，甚至是教授級人物。

不是會唸書的人就一定聰明，也不是學歷高的人說的話就一定對，因此，別再仗著自己有些小聰明而志得意滿。

如果你沒有讓自己繼續成長，你的小聰明永遠就只有那些。

成長與學習停滯的人，永遠也不會有大智慧，希望自己能有所成就，肯定是件困難的事。

一位美國汽車修理師有一個習慣，非常喜歡在工作時說笑話。

有一次，他從引擎蓋下抬起頭來，問一位前來修車的博士：「博士，有個又聾又啞的人到一家五金行買釘子，他把兩個手指頭並攏，放在櫃台上，又用另一隻手做了幾次鎚擊動作，於是店員給他拿來一把鎚子。他搖搖頭，指了指正在敲擊的那兩個手指

頭，店員便給他拿來了釘子，他選出合適的就走了。接著，店裡又進來了一個瞎子，他要買把剪刀，你猜他要怎麼表示呢？」

這位博士想了一下，便舉起右手，用食指和中指，做了幾次正在剪東西的動作。

修理師一看，開心地哈哈大笑起來：「啊！博士你真笨，他當然是用嘴巴說要買剪刀呀！」

接著，這個汽車修理師又得意洋洋地說：「今天，我用這個問題把所有的顧客都考了一下。」

「上當的人多嗎？」博士急著問。

「不少。」汽車修理師說：「但是，我早就知道你一定會上當。」

「為什麼？」博士詫異地問。

「因為你受的教育太高了，博士，光從這一點，我就可以知道你的腦袋打結，不會太聰明啦！」

人生充滿危機和變數，人不可能全知全能，出糗與上當是每個人都沒有辦法逃避的人生考驗，狡詐的人永遠會想盡辦法挖掘你的盲點，刺激你的缺陷，好讓你暴露出更多弱點，然後把你耍得團團轉。

擁有多少知識並不等於擁有多少才智，現實生中充滿著許許多多陷阱，勤於思考才是避免犯錯的最佳途徑。

不要太相信自己的學經歷，大才與蠢才的區隔，就是一個擁有大智慧，時常動腦思考，一個靠著小聰明而頻頻跌倒。

如果你常覺得自己懷才不遇，或者老是上當受騙，那麼你可

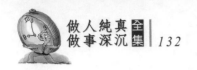
要重新評估自己的聰明才智囉！

太過自信的人，往往活在自我設限的框架中，讓原有的聰明才智難以發揮。

其實，成敗皆在你手中，真正成功的人不會迷失在別人精心佈置的疑陣中，也更明白如何才能一鳴驚人，為自己創造無人能取代的地位。

運用智慧搶奪別人的機會

在充滿競爭的社會中，除了能力要比別人強，更要
比別人懂得智謀的運用和機會的把握。

文藝復興時期的大藝術家達文西說：「鐵不用就會生鏽，水
不流就會發臭，人的智慧不用就會枯萎。」

確實如此，唯有懂得運用智慧的人，才可能激發高明的創意，
為自己創造出無可比擬的競爭力。

日本松下公司準備從新聘的三名員工中，選出一位來從事市
場行銷企劃工作。人事主管計劃於是讓他們來個職前「魔鬼訓
練」，並從中挑選出最適合的人選。這三個人被送到廣島去生活
一天，每個人身上只有一天二千日元的生活費用，最後誰剩下來
的錢最多，誰就是優勝者。

生活費已經夠少了，還要有錢能剩下，實在是件困難的事。

一罐烏龍茶的價格是三百元，一瓶可樂的價格是二百元，而
且最便宜的旅館一夜也要二千元。

也就是說，他們手裡的錢剛好能在旅館裡住一夜，但是這麼
一來，他們一天的錢也就沒有了。所以，他們要不就別睡覺，要

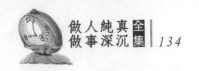
不然就不吃飯，除非他們能在天黑之前，讓這些錢生出更多的錢。但是前提是，他們必須單獨生活，三個人不能相互合作，更不能幫人打工。

於是，三個人便開始各憑本事了。

第一位先生非常聰明，用五百元買了一副墨鏡，用剩下的錢買了一把二手吉他，來到廣島最繁華的新幹線售票大廳外，扮起「盲人賣藝」來。半天下來，大琴盒裡已經裝了滿滿的鈔票了。

第二位先生也非常聰明，花五百元做了一個大箱子，也放在繁華的廣場上，箱子上寫著：「將核子武器趕出地球，紀念廣島災難四十周年，為加快廣島建設大募捐」。然後，他用剩下的錢僱了兩個中學生，並在現場宣傳講演，不到中午，箱子也裝滿了一整箱的捐款了。

至於第三位先生，看起來好像是沒什麼頭腦的傢伙，也許他真的累了，所以他做的第一件事，就是找個小餐館，點了一杯清酒、一份生魚、一碗飯，好好地吃了一頓，一下子就花掉了一千五百元。接著，他找了一輛廢棄的汽車，在那裡好好地睡了一覺。

一天下來，第一位和第二位先生都對自己的聰明和不菲的收入暗自竊喜。可是，到了傍晚時，兩個人卻同時面臨了意料之外的厄運。

一名佩戴胸章和袖標、腰間配帶手槍的稽查人員出現在廣場上，他摘掉了「盲人」的眼鏡，摔爛了「盲人」的吉他，也撕破了募捐的箱子，沒收了他們全部的「財產」後，還沒收了他們的身份證，揚言要以欺詐罪起訴他們。

就這樣，一天結束了，當第一位先生和第二位先生設法借到路費，狼狽不堪地返回松下公司時，已經比規定時間晚了一天了，

而且更尷尬的是,那個「稽查人員」已經在公司恭候多時了!

原來,他就是那個在餐館裡吃飯,在汽車裡睡覺的第三個先生。他的投資,是用一百五十元做一個袖標、一枚胸章,花三百五十元,向拾荒老人買了一把舊玩具手槍,和化裝用的絡腮鬍子。

這時,公司的國際市場經銷部課長走了出來,對著站在那裡發呆的「盲人」和「募捐人」說:「企業要生存發展,想獲得豐厚的利潤,不僅要知道如何攻入市場,更重要的是,要懂得如何攻下敵方的整個市場。」

小人為了陷害別人或是爭奪利益,往往會想盡各種辦法,並且變換各種身分,然後在關鍵時刻,誘使對方墜入他們設好的圈套。

現實社會就是這樣,戲法人人會變,巧妙各自不同。

在充滿競爭的社會中,除了能力要比別人強,更要比別人懂得智謀的運用和機會的把握。

也許,遭遇到層層阻礙和打擊之時,有人會質疑社會的現實、不公,但是,與其質問別人的投機,不如學習第三位先生的機智。

人的智慧和創意是沒有極限的,當大家都用相同的手段和方法時,只要你能比別人多動腦一分鐘,就能把別人的機會搶過來,甚至還能為自己創造另一個獨一無二的機會。

面對挑釁，何必太認真？

 若是你不希望讓周遭的小人煩擾生活，不希望被無謂的事情擾亂心情，就讓看事情的視野多一些角度吧。

看事情的角度有很多，面對別人的挑釁舉動，除了動氣之外，你可以有不同的解釋和不同的面對態度，讓想使你出糗的人出糗。

只要發揮你的智慧，你希望事情怎麼進展，你就能看見期望的結果！

美國自由派牧師亨利‧沃德和他的姐姐，《湯姆叔叔的小屋》的作者斯朵夫人，都是廢除奴隸運動的鼓吹者和參與者。

由於亨利‧沃德經常在佈道時，揭露奴隸制度的罪惡，因此經常遭到奴隸主人的辱罵和攻擊。

有一次，他收到了一封信，拆開一看，上面只寫了兩個字：「白癡」。

佈道時，沃德談到了這件事，戲謔地說：「我常常收到寫完了信，卻忘了簽上自己名字的人，但是，居然有人只記得簽下自己的名字，卻忘了寫信的內容，今天我倒是頭一次遇到。」

還有一次，沃德正在發表反對奴隸制度的演說時，台下突然

傳出了一陣「喔喔喔」的雞鳴聲，這時會場一陣譁然，沃德只好停止演講。

原來，台下的聽眾裡，有一些贊成奴隸制的主人，故意模仿雞叫的聲音，想干擾沃德的演講。

但是，沃德非常鎮定，臉上沒有一點惱怒的神情，只是從口袋裡慢慢地拿出懷錶，認真地看了一遍，又來回晃了幾下。

他這個舉動立刻吸引了台下的聽眾，會場頓時又安靜了下來。

於是，他滿臉認真地對聽眾說：「太奇怪了，我的懷錶還好好的，沒有任何毛病啊！可是懷錶的時針卻指著十點鐘，我很肯定現在應該是清晨才對，因為下面那些雞在叫喊，絕對是出自於動物的本能！」

在這個人心叵測的時代，做人做事要多一點心眼，面對不懷好意的對手，更要懂活用自己的腦袋化解窘境。

當沃德的處理方法讓人會心一笑時，我們同時也發現，對事物的解釋方式原來比事物本身更重要，一切端看我們面對事情抱持什麼樣的態度，以及如何設定解釋的角度。

思考應該是寬闊的、深刻的，若是你不希望讓周遭的小人煩擾生活，不希望被無謂的事情擾亂心情，就讓看事情的視野多一些角度吧。

讓小人自己去傷腦筋

活用你的腦袋吧！方法和生機全在你的大腦裡，只要動一動腦，你就能發現另外的一片天地。

希臘哲聖蘇格拉底曾經語重心長地這麼說：「不經思考、反省的人生，是不值得活下去的。」

在人生的各項競爭中，是否具備聰明才智，往往是決定勝負的關鍵。因此，平常就得經常鍛鍊自己的腦力，讓才智像太陽一樣發光，如此它才可能成為你克敵致勝的秘密武器。

這是一個腦力競賽的時代，當你遇到人生中的困境和危機之時，往往就是測試自己生命價值的關鍵時刻。

古希臘時代，有位國王為了彰顯他的「仁慈」，特地允許囚犯自行選擇死亡的方式，方法有二，一是砍頭，二是絞刑。

但是，國王讓囚犯選擇死亡的方法卻很可笑，他要求囚犯在臨死前，隨便說一句話，並由他當場檢驗這句話的真假，倘若囚犯說的是真話，便處以絞刑，說假話就要被砍頭。

於是，臨刑前，每個說真話的囚犯一一上了絞刑台，說假話的囚犯則一個個人頭落地。

這時，國王的衛士把一個名叫布爾的囚犯帶到了刑場，讓他和其他囚犯一樣，先說一句話來斷定真偽之後，再決定行刑的方式。只聽見聰明的布爾說：「國王陛下，您會將我砍頭！」

國王聽了之後，不禁大傷腦筋，想了半天也想不出話中的真假。如果布爾說的這句話算真話，那麼就得處以絞刑；但是若處以絞刑，那麼這句話就會變成了假話。

同樣的，如果這句話算假話，那麼就得將他砍頭，但是，要真砍頭的話，這話便又成了真話。

只見國王搔得頭髮都亂了，仍然想不出結果來，最後他只好宣佈將布爾放走，赦免了他的死刑。

在「你不詐人，人必詐你」的人性戰場上，我們的身邊充斥著噬人害人的小人，如果你不懂得把心機發揮在可以勝出的地方，那麼你永遠都只是這場戰役中的輸家，被小人玩弄於股掌之中。

不能以武力征服的，靠智慧每每制勝，如果你不能識破小人正的「搞詭」伎倆，不能用智慧化解，就會淪為任人宰割的「蠢蛋」。

聰明的布爾，利用邏輯中的矛盾，才得以僥倖免於一死，如果他只會呼天搶地的喊「大人冤枉」的話，下場當然是死路一條。

日常生活之中也是如此，當你不小心被小人逼進了死胡同裡，你是在那裡拼命地繞圈圈、鑽牛角尖，還是坐以待斃等著死期的到來，還是設法絞盡腦汁將問題丟還給對方，讓他自己去傷腦筋呢？活用你的腦袋吧！方法和生機全在你的大腦裡，只要動一動腦，你就能發現另外的一片天地。

別當漲紅了臉的驢子

許多害怕技不如人的人，常會以嘲笑他人來掩飾自
己的不足，殊不知當他嘲笑別人之時，也正嘲笑了
自己。

缺乏才智的人最喜歡做嘲笑別人的事，蘇東坡就認為「笑人
者可笑」，這是因為才智不足的人，只會用嘲笑的方法面對高手，
或者一味虛張聲勢，卻怎麼也不敢與高手過招。

面對這樣的人，不要讓對方的敵意左右自己的意志，何妨以
對方的邏輯加以回敬，讓他好好認清自己的嘴臉。

如果你懂得發揮創意，許多看似難堪的場面都會變得對自己
有利。

德國著名的詩人海涅是猶太人，有一段時間，他常常因為種
族問題，而在公共場合中被一些無聊的人士侮辱和攻擊。但是，
海涅總是憑著機智、幽默，輕鬆地應付過去，把尷尬留給對方。

有一天，在一個晚會上，有個不懷好意的傢伙又想找碴，便
故意趨前對海涅說：「我發現了一個小島，奇怪的是，這個島上
竟然沒有猶太人和驢子！」

海涅看了他一眼，並沒有因為對方的侮辱而動氣，只是不急

不徐地回答說：「喔？照這樣看來，只有你跟我一起到那個島上，才能彌補這個缺陷吧！」

在場賓客聽了這番妙答，不禁哄堂大笑，那個想要羞辱海涅的人，瞬間成了一頭漲紅臉的「驢子」。

想要提昇自己的處世競爭力，做人做事不一定要八面玲瓏，但是，一定要講究策略和技巧，幽默的談吐和適時的機智不只可以替自己解圍，同時也可以是和別人輕鬆溝通的工具。

當批評別人多過於反省自己，當審視事情的深層意義少於表面偏見，你的表現只會讓人覺得一無是處。

古人有云：「莫笑人短，莫恃己長」，一旦你刻意去嘲笑別人的缺點時，聰明的人早已看出你究竟是什麼貨色了。

日常生活中，許多害怕技不如人的人，常會以嘲笑他人來掩飾自己的不足，殊不知當他嘲笑別人之時，也正嘲笑了自己。

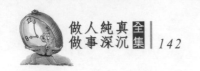

逆向思考，就能找到新方向

在現代人性叢林中，別只會在筆直的道路上行走，
迷了路只會停在原地等待救援。

當事情陷入膠著狀態，你能不能適時運用自己的聰明機智，
讓它朝著自己希望的方向發展？

所謂的機智，就是發現不同事物之間的相似之處，以及發現
相似事物之間的差異。機智對於人際之間的應對進退有著無窮妙
用，面對那些惹人厭的小人，每個人都應該設法讓自己聰明一點。

美國有個店員，因為工資糾紛要和老闆打一場官司，於是請
了一位很有名的律師幫他打這場官司。

不知道為什麼，店員與老闆的工資糾紛，演變到後來，竟然
成了債務糾紛，不過雙方在這件事情上都沒有證據，都無法證明
自己的清白。

這個店員非常擔心會輸了這場官司，即將宣判之時，向律師
提出一個想法，想送一份厚禮給法官。

律師一聽，連忙制止：「千萬別送禮，這時候送禮反而證明
你心中有鬼，本來還有贏的機會，一旦送了禮，那麼你肯定要輸

了。」

店員了解的點點頭，表示不會送禮。

但是，他回到家後，想了想律師的話，覺得裡面大有文章可做，於是他瞞著律師，仍然送了法官一份厚禮。

沒想到，不久之後法庭開庭判決，店員贏得了這場官司。

這個店員十分自豪地對律師說：「感謝您當初給我的指點，我還是送了一份厚禮給法官，不過在禮品的名片上，我寫上了老闆的名字。」

律師聽到後，目瞪口呆地一句話也說不出來。

店員因為送禮而打贏了官司，關鍵在於他有一顆靈活思考的腦袋。

當別人只用一條直線在思考，認為「送禮」是理虧的證明的時候，他卻能反向思考、逆向操作，尋找新的解決辦法，亦即假冒老闆的名義送禮，讓法官對老闆產生不良印象。

這個故事無疑告訴我們，在現代人性叢林中，別只會在筆直的道路上行走，迷了路只會停在原地等待救援。其實，你一點也不需等待別人的救援，因為，只要你肯花點腦筋，再多繞幾個彎，就能到達目的地了。

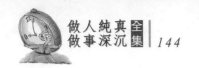
找個方法宣洩你的情緒

情緒一被撩撥上來，如果沒有適當的方式，不僅很
容易傷及他人，也會讓自己積累了更多的怨氣。

遇到心情不好的時候，有人會打沙包，也有人會打小人偶，
而大聲哭泣則是最常使用的方法。

你是怎麼發洩你的情緒的？

相信你一定有自己的方法，只要不是直接面對人，一股腦地
把情緒倒在對方的身上就好。

有一天，陸軍部長斯坦頓向林肯總統抱怨，有一個將軍很愛
罵人，而且老愛說粗話。

林肯聽完後，建議斯坦頓寫封比將軍更尖酸、粗鄙的信，還
教他一定要「狠狠地罵他一頓」。

斯坦頓回去後，立刻寫了一封措辭相當刻薄、強烈的辱罵信，
然後興沖沖地拿給總統看。

「對！對！」林肯看了，讚許地說：「就是要這樣，好好把
罵他一頓，你寫得真好，斯坦頓。」

有了總統的讚許，斯坦頓感到非常得意，立刻摺好信，準備

放進信封，但這時林肯卻攔住了他。

林肯問：「這封信你打算怎麼處理？」

斯坦頓訝異地說：「當然是寄出去啊！」

林肯大聲說：「等等，這封信不要寄出去，你把它丟進爐子裡吧！只要是生氣時寫的信，我都會這樣處理。相信當你痛快地寫著這封信時，心裡的怒氣也已經消了吧！現在感覺有沒有好多了呢？這時候，你不妨把它燒掉，另外再寫一封吧！」

每個人都有情緒，也都會有必須發洩的怨氣，有時候並不是為了指責什麼人，通常只是為了「發洩」而已。

只是，情緒一被撩撥上來，如果沒有適當的方式，不僅很容易傷及他人，也會讓自己積累了更多的怨氣。

於是，你得找個不傷人又能平息心中怒氣的方法，像林肯的書寫方式，打沙包、打小人偶，或是用力地吶喊，只要將情緒渲洩出來，你又會有另一個新的開始。何必和那些尖酸刻薄的小人一般見識呢？

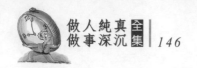
用幽默來感化解尷尬

生活中時常需要機智與幽默，讓自己在遇上瓶頸或跌倒時，有個台階下，並且找一個能讓自己帶著微笑，重新來過的新開始！

想化解尷尬，就先培養你的幽默感。

有時候，帶點自我嘲諷的意味，更能一針見血的指出問題所在，又因為有幽默感的裝飾，不僅能化解尷尬，還能化險為夷。

俄國著名的寓言故事家克雷洛夫，雖然號稱著作等身，但生活卻非常貧困，平時衣衫襤褸，而且常常因為付不起房租，每隔一段時間就會被房東掃地出門。

一天，克雷洛夫又找到了一間新房子，但是這個房東看了他的窮酸模樣，擔心他會把房子的設備破壞，便在房契上加了一項但書：「如果租用者不小心引起火災，燒了房子，必須賠償一萬五千盧布。」

克雷洛夫看了這條很不合理的條款，不但不生氣，反而拿起筆，大方地在一萬五千後面，再加了兩個「○」。

房東瞪大了眼，驚喜道：「哎呀，一百五十萬盧布？」他以為自己有眼無珠，遇到了一位大富翁還不自知。

　　怎知，克雷洛夫卻急不徐地告訴他說：「是的，反正不管多少，我都一樣賠不起，何不大方一點？」

　　房東聽到後，呆了半天都說不出話，最後只好取消這項但書。

　　詼諧幽默的應對方式就是彼此互動最好的潤滑劑。也就是說，當你遇到自己不感興趣的問題，不知道該跟對方說什麼，或是不想跟對方糾纏不清的時候，就越必須用極出色的幽默感與對方溝通。

　　雖然克雷洛夫的說法有點無賴，但是當他用這種方式化解房東的無理要求時，卻也不禁令人莞爾。

　　他以嘲弄自己的幽默感，來處理房東的無理要求，不只一針見血地指出了對方的無理，也誠實地說出了自己的窘境。

　　生活中時常需要這樣的機智與幽默，讓自己在遇上瓶頸或跌倒時，有個台階下，並且找一個能讓自己帶著微笑，重新來過的新開始！

多動腦，
找出完美的解決之道

當我們遇到了必須完成的難題時，

不妨讓腦袋轉個彎，換一個思考方式，

或許也能找出另一種完美的解決之道。

自己的機會自己創造

成功的機會不會忽然從天而降，磨練自己的才能，充實自己並主動創造機會，成功一定就在不遠的地方。

有的時候，明明我們的能力與幹勁並不在其他人之下，但總是缺了臨門一腳，總是少了一點運氣，總是得不到嶄露頭角的良機。

聰明的你，曾經想過該怎麼抓住機遇嗎？

其實，多一點心機並不可恥，重點在於如何將心機用在正確的時機。

少年時期的畢卡索在巴黎闖蕩時沒沒無聞，生活非常貧窮，他的畫一張也賣不出去，因為畫商只肯賣名家的作品。

日子漸漸過去，畢卡索口袋裡只剩下十五個銀幣了。在這種情形下，要嘛就是花掉十五個銀幣後滾出巴黎，要嘛就流落街頭當乞丐。

畢卡索卻走了另一條路，決心孤注一擲。

他用那十五個銀幣僱了幾個大學生，讓他們每天都到不同的畫廊裡打轉，每個人臨走時都得向畫商詢問：

「請問，有畢卡索的畫嗎？」

「請問，哪裡能買到畢卡索的畫？」

「請問，畫家畢卡索到巴黎來了嗎？」

就這樣，不到一個月的時間裡，巴黎大大小小的畫商都知道了畫家畢卡索，很多人要買畢卡索的畫，可惜他們卻無法提供。

於是，他們非常渴望這位大家都在詢問的知名畫家畢卡索能夠快點到巴黎來。不久，畢卡索真的「來」到了巴黎，出現在畫商面前，畫商們個個如飢似渴，畢卡索很輕鬆地賣出了自己的作品，並且一舉成名。

成功的機會不會忽然從天而降，如果我們只是杵在原地等待，那麼時間一分一秒過去，什麼也等不到。

畢卡索明白自己的才能，也明白當時的巴黎藝術界唯名家是從的普遍心態，於是就靠著僅存的十五枚銀幣要為自己創造機會，讓他的畫不因為他並不顯赫的名字而遭到忽視。

他成功了，不但是因為他懂得為自己創造良機，更是因為他原本就是天才畫家，只不過沒有人知道他罷了。

實力和努力這兩個因素缺一不可，否則他的努力也只能為他換來一時的熱潮，等到人們厭倦了他並不優秀的作品，他仍然要黯然離開巴黎。

磨練自己的才能，充實自己並主動創造機會，成功一定就在不遠的地方。

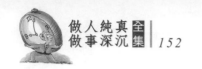

疏於提防，小心吃虧上當

 我們的心裡都該有一點用來保護自己的心機，否則
到最後吃虧上當的人，很可能還是我們自己。

單純的人固然最受歡迎，但也最容易被騙。如果你不想成為
別人算計的對象，那麼，除了必須擁有好人的純真之外，更須具
備小人的深沉。

在心機深重的權謀者腦中，安排的計謀常是一步接一步，就
如同下棋一般，在他走到最後的幾步棋之前，其他人根本難以預
料他真正的企圖。

因此，面對這種滿腹心機的人的時候，我們不能從他所說的
話來評估他，甚至也不能從他一時的行為來衡量他，因為，這樣
做的後果，往往都會得到錯誤的結論，做出錯誤的判斷。

中國春秋時代，鄭武公決心攻佔慢慢強大的胡國。

這個計劃他已經密謀了很久，為了迷惑胡國，他還把女兒嫁
給胡國國君。

有一日，鄭武公徵詢眾大臣的意見：「我們現在應該征討哪
個國家？」

一位大臣回答：「最好的目標是胡國。」

這其實和鄭武公心裡所想的是一樣的，但是他卻表現出震怒的樣子，斥責說：「你居然提議我去攻打我們的兄弟之邦？」

這名大臣因為這番話，莫名其妙被殺頭。

這名大臣是鄭武公最寵信的大臣之一，胡國國君聽到了這個消息，立刻就放鬆了對鄭國的戒心。

沒多久，鄭國軍隊趁虛而入，佔領了胡國。

鄭武公為了隱瞞真正的想法，而將自己寵信的大臣殺害，只因為這名大臣將他心中真正的企圖說了出來。

「口是心非」到這個程度，真令人咋舌！

史上不乏像鄭武公這樣的權謀者，他們能為了實現自己的計謀不擇手段，也能為了掩飾自己的計劃殺人滅口；即使是到了現代，那些大奸大惡之徒仍然都擅長嘴上說一套、心裡想的是另一套。

他們善於演戲，對人性也有相當的了解；這些人可能披上的是政客、醫生、律師、代表……等等乍看之下光鮮亮麗的外衣與職稱，讓我們疏於提防。

害人之心不可有，防人之心不可無。對於這樣的人，我們的心裡都該有一點用來保護自己的心機，不能過於單純、掉以輕心，應該用精明的眼光，以長久的觀察來衡量他們，而不是只聽他們的一句話、只看他們一個行動，便妄下定論，否則到最後吃虧的人，很可能還是我們自己。

多動腦，找出完美的解決之道

當我們遇到了必須完成的難題時，不妨讓腦袋轉個彎，換一個思考方式，或許也能找出另一種完美的解決之道。

有句話說：「條條大路通羅馬」。不論你是直著走、橫著走、倒過來走，甚至用飛的也行，只要能到得了目的地，羅馬想必不會拒人於千里之外。

做事也是一樣，不論是什麼事情，做法不會只有一種；與其總是自己捲起袖子蠻幹，不如動動腦筋，想想看是不是還有更好的方法？

唐代有一個非常著名的商人叫裴明禮，在他居住的城市有塊空地，空地的中央是一個大水坑。

擁有這片空地的人很苦惱，雖然土地所在位置很好，但因為大水坑無法填平，土地無法使用而成為了廢地，並且四處的污水都往水坑中流，顯得十分髒亂。因此，他很想把這塊地賣出去。

這樣的地，誰肯接手呢？

裴明禮願意。他找到土地的主人，只花了很少的錢就將它買下。

「這個裴傻瓜，買這種地幹什麼啊？難道他想修一個特大茅坑不成？」

很多人都笑裴明禮，因為當時沒有施工機械，填坑得全靠人力，如果用人力去填，只算工錢的部份，就可以在其他地方買到一塊更好的土地了。

裴明禮當然不是大家眼中的傻瓜。

第二天，人們意外地發現，大水坑的旁邊豎起了一根大木桿，木桿上面掛著一個小籃子，旁邊有一塊告示寫著：凡是能夠在三十尺之外將石塊、土塊、磚頭投進籃子者，一次獎勵一百文錢。

投進一塊石頭就得一百文？天下竟有這等好事！數也數不清的人爭先恐後地跑來投石塊、土塊、磚頭。但是，由於籃子掛得太高，真正能夠投進去的人很少，裴明禮並沒有付出多少獎金。

不到幾天，因為嘗試的人實在太多，那個大水坑就被這些人投的石塊、土塊和磚頭填平了！

由於所在位置好，廢地一下子竟然變成了黃金地，裴明禮就靠這塊地成為了遠近聞名的富翁。

看完這個有趣的故事，實在不得不令人讚嘆裴明禮的頭腦這麼好，難怪他能成為唐代有名的巨賈。

填土是件苦差事，當然找不到免費的工人，但是換了一個方法，換一套說詞，只要將石塊準確投進籃子就有一百文的收入，這項兼具遊戲與獎勵的活動，卻讓裴明禮僅僅花了很少的代價，就將空地中間的大水坑給填滿了。

裴明禮深知如何巧妙地運用人們的投機心與玩心，借助群眾

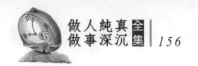

的力量，為自己省下了一大筆支出。

　　一樣都是把石塊、土塊、磚塊給丟進水坑裡，一般人所能想到的辦法與裴明禮所想到的辦法，卻有著這麼大的不同。

　　當我們遇到了必須完成的難題時，不妨讓腦袋轉個彎，換一個思考方式看待問題，或許也能找出另一種完美的解決之道，像裴明禮一樣，想出利人又利己的雙贏辦法呢！

融會貫通，就能輕鬆溝通

一段完美的談話重點在於內容，只要有好材料，懂
得融會貫通，就能透過豐富的內容輕鬆和別人溝通。

　　看電視節目，或者收聽廣播時，我們可以很明顯地感覺出誰
的主持功力好，誰的臨場反應差。

　　能接下主持棒的人，通常具備「說話」的技巧，但是主持能
力的好壞，差別就在於事前的準備。

　　一個再怎麼有經驗的主持人，節目開始之前也得先了解這次
的主題、來賓背景，以及其他相關的話題等等，才有辦法使節目
順利進行。但是更高竿的主持人，會從日常生活中蒐集資訊，不
管是文字、他人談吐、周遭發生的事，都會成為日後的話題材料。

　　由此可知，不斷從身邊蒐集材料，加以吸收、消化，才是主
導談話走向的最重要課題。

　　果戈里是俄國知名的諷刺作家，創作態度向來嚴肅且認真。
他有一個勤做筆記的好習慣，總是隨時隨地把看到或聽說的傳聞、
趣事、警句、諺語和讀書心得記在筆記本上。

　　每當果戈里出門辦事，或在街上看見、想起有趣的事，便立

刻停下腳步，把它們記在筆記本上，常常忘記了原來的目的。

有一次，果戈里請一位朋友到飯館吃飯。打開菜單一看，內容引起了他的興趣，於是他馬上拿出筆來，在筆記本上猛抄菜單，當飯菜都上齊了，還埋首於菜單裡，不願停筆。

被冷落的朋友見到這樣的情況，心裡很不高興，就不耐煩地對他說：「你是請我來吃飯，還是請我來陪你抄菜單？」

誰知果戈里毫無反應，朋友便氣呼呼地離開了飯館。

果戈里完全忘記了自己邀請朋友吃飯，手不停地抄，連朋友走了也沒有察覺，嘴裡還不住地稱讚道：「太好了！太有用了！」

後來，果戈里創作一篇小說時，用上了這份菜單。

美國作家傑克‧倫敦的房間內到處都貼著形形色色的小紙條。不管是窗簾、衣架、櫃櫥、床頭、鏡子、牆上，每個角落都可以看到小紙條。不明白的人還以為這是傑克‧倫敦充滿創意的裝飾品。

其實，這些小紙條並非空白的，每一張上面都記載了各式各樣的內容，有美妙的辭彙，有生動的比喻，有五花八門的資料。

睡覺前，傑克‧倫敦默唸著貼在床頭的小紙條。

第二天醒來的第一件事，便是一邊讀著牆上的小紙條，一邊穿衣服；連刮鬍子時，都是看著鏡子上的小紙條而不是自己的臉；在踱步休息時，則到處找尋啟發創作靈感的語彙和資料。

不僅在家裡如此，就連外出的時候，傑克‧倫敦也會將小紙條裝在衣袋裡，只要一有空就隨時隨地掏出來閱讀。他從來不讓時間從眼皮底下白白地溜過去，也因此積累了淵博的知識。

現代生活裡，資訊的獲得是一件非常重要的事，有很多工作都需要情報來輔助，想要和別人輕鬆溝通更是如此。

　　但是若光有材料，卻沒有接收的天線也沒有用；收到的材料若沒辦法有效利用，也只是讓寶貴的訊息一閃而過。

　　果戈里說過：「一個作家，應該像畫家一樣，身上經常帶著鉛筆和紙張。一位畫家如果虛度了一天，沒有畫成一張畫稿，那很不好。一個作家如果虛度了一天，沒有記下一條思想、一個特點，也很不好。」

　　一段完美的談話重點在於內容，倘若說話沒有內容，就像一位出色的廚師沒有材料，無法做出美味的佳餚來。

　　因此，平常我們就要培養蒐集資訊的習慣。除了要有敏銳的觀察力，對事情有追根究底的精神，更要有企圖心，只要有好材料，懂得融會貫通，就能透過豐富的內容輕鬆和別人溝通。

　　對事要保持高度好奇，並建立起自己的資訊網。如果可以做到這些，就不用擔心和人談話時會有「冷場」、「沒話題」的時候了。

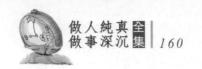
事物的價值，在於看待的角度

創造價值是群體意識的結果，認識到大眾的需求，
甚至主動去創造大眾的需求，正是成功致富者不可
或缺的才能。

你買過東西嗎？

當然買過，每個人沒有一天不在進行「購買」這個行為。

那麼，你賣過東西嗎？

很多人應該也會點點頭，廣義地來說，每天上班工作這件事，
其實也是在販賣自己的腦力與勞力。

既然如此，不知道你是否想過，一件東西（包括事與物、勞
力）值多少錢，究竟是怎麼決定的呢？

許多年前，美國穿越大西洋底的一根電報電纜因為破損需要
更換，這一則小消息不痛不癢地在人們之間傳播。

但是，一個不起眼的珠寶店老闆對這消息卻沒有等閒視之，
反而十萬火急地買下了這根報廢的電纜。

沒有人知道這位老闆的企圖，人們猜想他一定是瘋了，異樣
的目光紛紛驚詫地投向他。他卻不為這些疑惑所動，關起店門，
將那根電纜洗淨、弄直，然後剪成一小段一小段，加工裝飾之後

作為紀念品出售。

接著，他大肆宣揚：「這可是連接美國與歐洲的大西洋海底的電纜呢，還有比這更有價值的紀念品嗎？」

各地的人聽到這個消息，都爭先恐後地購買，廢電纜的價格越來越高。

就憑著這樣的生意頭腦，他輕鬆地發跡了，接著又買下了法國拿破崙三世尤金妮皇后的一枚鑽石。

淡黃色的鑽石閃爍著稀世的華麗光彩，人們不禁要問，他是自己珍藏還是定出更高的價位易手？

沒想到他不慌不忙地籌備了一個首飾展示會，重點當然是放在皇后的鑽石上。可想而知，想一睹皇后鑽石風采的參觀者會怎樣蜂擁地從世界各地接踵而來。他幾乎坐享其成，毫不費力就賺進大筆的錢財。

這個聰明的商人是誰呢？

他就是美國赫赫有名，享有「鑽石之王」美譽的查爾斯‧路易斯‧蒂芬尼，一個磨坊主的兒子。

想要提昇自己的競爭力，做人做事一定要講究策略和技巧，如果你太過單純，不管做什麼事情都直來直往，那麼，非但無法達成目的，而且還會陷入各種無法預知的陷阱和圈套，使自己的人生充滿危機。

說查爾斯「慧眼識寶物」也好，說他懂得炒作也好，他的發跡為我們做出一個最好的示範──一件事物的價值，在於你看待它的角度。

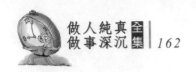

　　如果世上沒有人認為黃金是有價值的，那麼即使我們用一百塊金磚去換取一頓晚餐，對方可能也不屑一顧。

　　如果大家都相信奇特的東西具有神力，那麼一顆不含金不含鑽卻偏偏有神奇花紋的石頭，也可能價值千萬。

　　同樣的，如果我們能說服別人，讓他們覺得「這個東西我非擁有不可」，還怕東西沒有人想要嗎？

　　「創造價值」說來神奇，其實不過是群體意識的結果。認識到大眾的需求，甚至主動去創造大眾的需求，正是成功致富者不可或缺的才能。

培養觀察力有助提升人際關係

 有很多人雖然用最真誠的心與人交往，卻在交際時
吃了閉門羹，或許正是因為欠缺觀察能力，無法察
覺對方的禁忌話題。

想成就一份事業，除了要用心之外，還要有很清楚的頭腦，
以及充滿洞察力的眼光，才能觀察事情、分析狀況、規劃未來。

在人與人的往來中，或是處理事務的過程中，敏銳的觀察力
不但可以幫助自己了解對方的真實情況，也能增強自己判斷事情
的精確度。

有些人並非天生的交際好手，只是比別人多一點用心，能看
到別人忽視的小細節，然後加以注意。

就是因為這樣的細心和體貼，無形中讓人對他們的滿意度提
高。

約翰‧史萊恩是德國著名的內科醫生，不但有著高超的醫術，
教學方法更是具有啟發性，讓人稱頌不已。

在一次實習課上，他對大學生們說：「身為一個醫生，最重
要且最應具備的兩種特性是，第一，不要害怕骯髒；第二，要有
敏銳的觀察力。各位要知道，一些老醫生在診斷糖尿病患者時，

甚至親口嚐一嚐病人尿液的味道。」

話說完，史萊恩走向桌邊，開始為同學們示範。

他毫不猶豫地將一根手指浸入盛有尿液的小杯子裡，然後在大家皺著眉頭，低聲驚呼下，將手指伸到嘴裡舔了一舔。

做完這個動作後，史萊恩轉身問學生：「現在，誰要來試試看？」

在史萊恩的掃視下，沒有人敢抬頭。這時候一位勤奮的學生勇敢地舉起手來，只見他照著史萊恩的示範過程，也將手指伸進尿液裡，並嚐了嚐味道。

史萊恩看著這名用功的學生，感歎地搖了搖頭：「同學，你的確沒有潔癖，也非常勇敢，這是一個優點。但是，你卻沒有觀察力，你並沒有發現一點，剛才我把中指浸入小杯中，舔的卻是無名指。」

舉世聞名的《福爾摩斯探案全集》作者柯南·道爾，有一次到了巴黎的火車站，叫了一輛出租馬車。當他準備把行李扔進車裡時，駕車的人突然開口問他：「柯南·道爾先生，您要上哪去？」

柯南·道爾突然聽到自己的名字，訝異地看著這個趕車夫，心裡想著這個人是不是在哪裡見過呢？

「我們是不是見過面？」

「不，從來沒見過。」

「那麼，你怎麼知道我是柯南·道爾呢？」

「就是這個。」趕車夫指著手上的報紙正經地回答，「報紙上提到你將到法國南部度假，而且我看到你是從馬賽開來的火車

上下來。另外，你的皮膚黝黑，說明了你在陽光充足的地方至少待了一個多星期。你右手中指上沾著墨水漬，顯示你的職業應該常動到筆，而且，你還具有外科醫生那種敏銳的目光，並穿著英國樣式的服裝。由以上幾點，我肯定你就是柯南·道爾！」

柯南·道爾聽了大吃一驚：「你既然能從這些細微的觀察中認出我來，那麼你已經和福爾摩斯不相上下了。」

「另外，還有一個小小的事實。」趕車夫得意地補充了最後一點。

「什麼事實？」柯南·道爾期待能聽到更精采的推論。

「旅行包上寫有你的名字。」

當一個醫生，除了專業知識外，若不具備足夠的觀察力，就不能及時找出正確病因，對症下藥。另外，擁有良好的觀察力，就能在無形中介紹自己給他人認識，即使只是一個馬車夫也能讓名作家印象深刻。

有很多人雖然用最真誠的心與人交往，卻在交際時吃了閉門羹而覺得自己很無辜。仔細探究原因，或許正是因為欠缺觀察能力，無法察覺對方的禁忌話題，而說出重傷別人的話。

例如，對方很在意身材，你卻在他面前大嘆自己胖了不少，而偏偏對他而言你是個瘦子，這對他難道不是一個重大的打擊嗎？

觀察力不但可以幫助自己了解對方的真實情況，也能增加自己判斷事情的精確度。在迪斯蒙德·摩利斯的著作《觀察人類》中提到，一個人可被觀察的行為多達七十幾種，例如行動、姿勢、聲音、身體信號……等等，這些各式各樣的組合都會傳達出不同

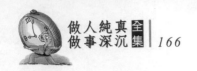

的訊息,需要不斷累積經驗,然後才能透過觀察,正確掌握一個
人的性格。

　　因此,當你苦思不得其解,當什麼都做了,卻仍然無法獲得
好人緣時,那麼可能是你要增強觀察力的時候了。

虛心，成功才能無止盡

 學習是無止盡的路，只有謙虛才能讓更多寶貴的意見進入你的生命。成功前要兢兢業業，成功後更要謹慎小心。

俯視與仰視的差別在於，當你低頭往下看時，所見到的只是有限的空間，而仰視所見，卻是無限的寬廣。只是，卻有許多人寧可低頭向下看，而不願意抬頭仰望天空，因為，低頭往往比抬頭還輕鬆。

在這個世界上，不管爬得多高，仍然會有更高的星辰望著你。因而，站得愈高，就愈要謙虛，只有這樣才能看得更遠，學得更多。

法國畫家奧拉斯・韋爾納有一次在湖邊寫生，正好有兩個外國來的年輕女孩也坐在離他不遠處速寫。過沒多久，其中一位女孩走了過來，站在韋爾納身後看了好一會兒之後，就對他談起了自己的看法。這位老畫家認真地聽著女孩給的建議，並且有禮貌地向她致謝。

第二天，在一艘船上韋爾納又碰到了昨天那位女孩。女孩看見他，高興地打了個招呼，並問他：「先生，請問您是法國人嗎？

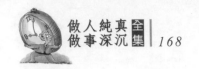
我聽說偉大的畫家奧拉斯‧韋爾納就在這艘船上。請問您認識他嗎？可不可以告訴我哪裡能見到他呢？」

「小姐，妳很想見到他嗎？」

「喔！是的，我很渴望能見他一面。」

「親愛的，我想妳早就已經認識他了。因為，昨天在湖邊時，妳已經為他上了一堂繪畫課。」

英國著名戲劇家蕭伯納，有一次前往蘇聯拜訪時，在鄉間的小路上遇到一個討人喜歡的小女孩。小女孩長得白白胖胖，一對大眼睛閃著淘氣的神色，頭上還紮著大紅蝴蝶結，真是可愛極了。

蕭伯納非常喜歡這個孩子，當場和她玩了起來。直到兩個人都玩得精疲力盡，笑得氣喘吁吁時，蕭伯納告訴小女孩：「回家後別忘了告訴妳媽媽，今天妳和有名的蕭伯納一同玩耍喔！」

說完，蕭伯納心裡想，當小女孩發現她今天面對的是一個世界知名大文豪時，一定會感到驚喜萬分。

「您就是蕭伯納伯伯？」小女孩問。

「是啊！妳沒聽過這個名字嗎？」

「我當然聽過囉！不過，您怎麼會說自己很了不起呢？請您回家後也告訴您母親，就說今天陪您玩的是一位蘇聯的小女孩，茱蒂。」

蕭伯納一聽突然為之一震，才意識到剛才的自己太自以為是了。

從此以後，蕭伯納常常感慨地對別人提起：「一個人不論有多大的成就，都不能因此而自滿，對任何人都該平等相待，謙虛面對。這是一位名叫做茱蒂的小女孩為我上的一課，我一輩子也

忘不了這位老師。」

　　每個人都可以是別人的導師。他人就如同鏡子一般，能夠反映出自己的一言一行。我們可以從別人身上尋找優點，進而欣賞且學習；當我們看到對方的缺點時，更可以當作一種警戒，反省自己是否也犯下同樣的過錯。

　　奧拉斯‧韋爾納雖然已經是個著名的畫家，但他不引以為傲，反而虛心接受他人的指點；蕭伯納雖然對自己的成就極有自信，卻能在小女孩的一句話中認真地反省自己。

　　唯有一顆「空」出來的心，才能讓自己裝進更多的知識。

　　學習是條無止盡的路，只有謙虛才能讓更多寶貴的意見進入你的生命。成功前要兢兢業業，成功後更要謹慎小心，爬到高峰更要學會謙虛，因為，當你開始自大的時候，失敗就隨之而來了。

斬斷退路，才能激發鬥志

眼光緊緊盯住前方的人，才能披荊斬棘、勇往直前；
那些遇到挫折後便想退回原路的人，注定是無法成
功的。

英國政治家迪斯雷里曾說：「成功是不回頭的大膽孩童。」

為什麼不回頭？因為，想要成功就必須有破釜沈舟的決心，
不能替自己預留後路。一個頻頻向後看的人，會有多少動力與決
心向前直衝呢？

通往成功的路，往往是一條單行的獨木橋，只要抱定了「只
許向前，不許後退」的堅定決心，就能克服障礙。

我們可以見到，歷史上的成功者大都具有氣吞山河的性格，
即使遇到困難橫阻於眼前，即使自己的力量遠遜於敵人，也會設
法激發昂揚的鬥志，散發出讓人不寒而慄的攻擊力。

秦始皇死後天下大亂，六國貴族乘勢而起。為了平亂，公元
前二〇七年十一月，秦國大將章邯率領主力大軍進攻鉅鹿。當時
戰況十分激烈，到後來，守城的趙國士兵所剩無幾，而且糧食也
用盡了，情形十分危急。

當時，前來救援的燕軍看見秦國的軍隊來勢兇猛，不敢正面

交鋒，轉而在近處安營紮寨，等待觀望。

那個時候，楚霸王項羽早就有稱霸群雄的野心，見到這種陣勢，便很想露一手，只可惜自己的軍隊與秦軍相比差距太大，急得他恨不得一口將對方吞下。

後來，他終於想出了一個辦法，派遣英布率兩萬人渡過漳水河阻斷秦軍的糧道，然後自己也率隊過河。

過河之後，項羽命令全體將士砸爛所有的飯鍋，鑿沉所有的渡船，完全斷絕自己的退路。最後，連營帳也燒掉，每人只准帶三天的乾糧。

如此一來，楚軍等於為自己斷絕了後路，迎面而來的是強大的秦軍，全體將士除非戰勝秦軍，否則就將死於秦軍刀劍之下，別無其他選擇。

楚軍將士頓時士氣高昂，在戰場上以迅雷不及掩耳之勢，向秦軍發動了猛烈的進攻。楚軍個個將生死置之度外，以一當十，勇猛拼殺，經過了幾次大戰，殺得秦軍大敗而逃。

當項羽一馬當先，率楚軍英勇衝殺的時候，躲在各個營壘中的其他反秦將士都大為吃驚，搞不清楚軍怎麼會有這麼驚人的勇氣。

等到鉅鹿大戰結束以後，他們紛紛歸屬在項羽的麾下，正是這一戰奠定了項羽號令各路反抗軍的地位。

人的天性就是如此，常常只有在沒有後路可退的時候，才會將那些僥倖的想法拋在腦後，才會將「即使我失敗了，我還是可以……」的念頭斬斷！

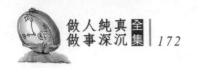

眼光緊緊盯住前方的人，才能披荊斬棘、勇往直前；那些瞻前顧後、意志不堅，那些遇到挫折後便想退回原路的人，注定是無法成功的。

當你決定追求自己的道路時，就要立定志向，勇敢向前。

這條路上必定有許多困苦與艱難，以及難以想像的考驗，但是，只要抱定了「只許向前，不許後退」的堅定決心，就不會有無法克服的障礙。

通往成功的路往往充滿艱險，並且，常常是架在急流上方的獨木橋。那些猶豫不決、遇到困難便打退堂鼓的人，永遠都到達不了成功的彼岸。

貪圖享受，就不會有所成就

外在的娛樂與刺激，常常會在無形之間消磨我們的
心志；應該將目光放遠，在追求更高目標的路途上
時時鞭策自己。

人生在世，努力賺錢是為了什麼？

「不就是為了過更好的生活嗎？過更好的日子，穿更好的衣
服，吃更好的食物，買更好的房子跟車子……」有人可能會這樣
回答。

但是，當一個人過分沉溺於物質享受時，很可能會在中途停
下腳步，耽誤了原先的計劃與目標。

遇到這種時候，你就必須有一些深沉的手段。

漢桓帝在位時，長沙、零陵發生叛亂，桓帝下令讓度尚率兵
前去平息暴亂。度尚用計大敗叛軍，為了犒賞手下，便分給他們
大批財寶。

但是，叛軍首領逃進深山，糾集黨羽，氣勢洶洶地進行反攻。

度尚準備再次出兵，但部下得到大量珠寶，只想玩樂，失去
了鬥志。

於是，度尚對部下說：「叛軍作亂十多年，能攻能守，而我

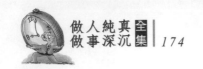

們現在的兵力太少，想攻打他們並不容易，不如等到其他幾個郡的兵力到齊了再攻打，在此之前你們可以隨意遊玩打獵。」

官兵聽了大喜，個個都出去遊玩，只留下空營，度尚便命人放火把營寨燒了，官兵的錢財全都化為灰燼。

官兵回到營地，個個痛哭流涕，度尚安慰了他們一番，然後說：「叛軍的財寶堆積如山，只要我們齊心合力攻下他們，何愁沒有錢？」

官兵們一聽，鬥志便湧上來了。度尚命令大夥兒立即整裝出發，敵人來不及抵擋，就被度尚的人馬一舉殲滅了。

度尚的部下不過是一群普通人，只得到一些好處便沉迷其中，忘記了自己的任務與目標，看不見達到目標之後能獲得的更大好處，只知道享受眼前短暫的歡愉。因此，度尚才會玩弄小手段，激發他們的鬥志。

現代人在鋪天蓋地的商業力量操縱之下，常會將感官的滿足當作追求的目標，為此停下了提升與追求的腳步，就長遠來說，其實是一種後退與墮落。

老子曾經說：「五色令人目盲，五音令人耳聾，五味令人口爽，馳騁畋獵，令人心發狂，難得之貨令人行妨。」

這些外在的娛樂與刺激，常常會在無形之間消磨了我們的心志；我們應該將目光放遠，在追求更高目標的路途上時時鞭策自己。

用理性的態度
更正自己的錯誤

處世不會永無失誤，

因此我們要學會反省和道歉。

只要不是惡意欺騙，

相信人們可以諒解且包容無心的過失。

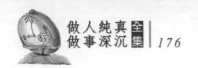

你的每一個決定都可能影響別人

當我們下任何決定與判斷時，不知道會與多少生命產生緊密的連繫。即使平凡如我們，都可能是別人生命中的關鍵人物。

　　世界上一切生物彼此間的關係都是緊密相連的，只要我們生存在世界上一天，就和其他生命息息相關。但是，絕大多數的人都不知道自己對別人有著極大的影響力，許多關係產生連繫時，仍毫不自知。

　　有各種不同的方式能使每個人彼此之間有所交集，其中有些是出於巧合和無法控制的因素。不論這交集是好或壞，都有大小不一的影響力，仔細留意身邊的人、事、物，就會發現自己的一舉一動造成衝擊的力量有多大。

　　布拉斯‧法特是英國著名的醫生，在一次診療中，發現一位小女孩的病情時好時壞，而且病情與醫生開出的藥劑毫無關係。他百思不得其解，努力想找出真正的病因。

　　觀察小女孩好一段時間後，他發現這個小女孩對報紙上連載的小說非常有興趣，每天一定要閱讀不可。

　　接著就在某幾天，小女孩的病情突然又加重了。於是，法特

醫生找來了這份報紙仔細研究，才發現原來裡面的女主角跟小女孩一樣，患有同樣的病症，而這段時間剛好寫到女主角的病情突然加重。

在當時的醫療情況下，這樣的病算是一種「不治之症」，但是並非毫無治癒的希望。法特醫生馬上意識到，這個故事對他的病人有著很重要的影響。

就如他所觀察的，小女孩的病情是隨著女主角的身體狀況而起伏，當女主角病情漸漸加重時，小女孩的病也會日趨惡化。

於是法特透過報社找到小說的作者，詢問小說情節的發展、女主角的命運與最後的結局。根據作者的說法與寫作計劃，他打算寫一個令人落淚的悲劇，女主角最後將淒涼病死。

當作家沉醉於自己的寫作情緒中時，法特醫生再也沉不住氣，馬上請求作家改變初衷，讓結局圓滿。「她還年輕！」他竭力陳述自己的理由，懇切地對作家說，這關係到兩個女孩的生命！

聽到原因後，作家被感動了，並且接受了法特的建議。於是，小說中的女主角戰勝了病魔，勇敢地站起來，並努力地活了下來。

至於那位可愛的小女孩，也奇蹟般地戰勝了「不治之症」，愉快地向法特醫生道別，離開了醫院。

作家大概想不到，自己的文字竟然足以影響到一條寶貴的生命。事實上，在我們下任何決定與判斷的那一刻，便不知道會與多少生命產生緊密的連繫。

美國前總統雷根也曾經遇過相似的事情。有一天，他收到一位自稱時日無多的病重婦女來信，希望臨死前能夠收到一張他的

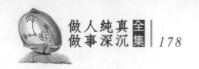

照片。當時雷根不以爲意，隨手就把信給扔了。

　　幾個月後，雷根收到一位護士小姐的來信，說有位身患絕症的婦女，手裡捧著雷根寄給她的照片，幸福地離開了人世，並在臨終前囑託護士小姐代她表達對雷根的謝意。這件事給雷根極大的震撼，還好當時雷根的父親撿起這封信，代替雷根回了信。

　　從此以後，雷根對於人生中的每一個決定都極爲謹慎且小心地執行。

　　千萬要記住，我們的每一個決定都可能影響別人，我們踏出的每一個步伐都會留下腳印。即使平凡如我們，都可能是別人生命中的關鍵人物。

放開心胸，才能增加「經驗」

 如果不能放下過去的思考模式和知識，以全新的自己去經歷沒有過的生活，對於不同世界的人的想法永遠不能感同身受。

　　「體驗」和「經驗」的差別在於，一個只有過「經歷」，另一個除了「經歷」過，最重要的是還有「消化」的種種過程。

　　就像有人養過寵物，但是並沒有從中學習到如何照顧寵物、如何與牠相處，只是單純地餵食，這樣就叫做養寵物的「體驗」。

　　如果因為養了寵物，知道牠的生活習性，了解動物與人類之間的互動關係，甚至感受到牠的「靈性」而淨化自己的心靈，學會愛護生命，這就是有了養寵物的「經驗」。

　　這也就是為什麼有些人年齡增加，到了頭髮變白，卻不一定比較有智慧的原因。因為，他們只不過比年輕人「體驗」過較多的事情，從未曾將這些事消化吸收為自己的「經驗」！

　　有一天，英國著名作家狄更斯的女僕正在廚房裡準備午餐。忽然，她發現窗外有一個人影在那兒踱來踱去，仔細一看，原來是個穿著破爛，脖子上還圍著一條髒得分辨不出顏色圍巾的乞丐。

　　看著被擋在滿是灰塵的破氈帽下的臉，女僕頓時起了憐憫之

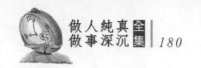
心，便準備一些吃的東西打算拿給他。

可是，她又發現這個乞丐行跡很可疑，探頭探腦、東張西望，還老是拉下那頂破氈帽，彷彿怕被別人發現似的。女僕於是起了疑心，門外的傢伙會不會正打算要偷東西？

她馬上跑去找狄更斯，恰巧狄更斯不在家，慌亂的她就跑到籬笆旁，準備喊街上的人來抓小偷。

突然，那個乞丐壓低了聲音對她說：「別喊，是我！」

女僕定神一看，才發現乞丐原來就是她的主人狄更斯。

女僕驚訝地問：「先生，您這是在做什麼？」

「沒什麼？我只是想跟妳要一碗湯。」

「您在要飯？」

「是的。我想體會一下流浪者接受別人施捨湯時，是怎麼樣的一種心情。」

敦東區的貧民窟是世界上有名的窮苦人聚集地。某天，那兒來了一張陌生的臉孔，是個衣衫襤褸，自稱是流落異鄉的美國水手。

雖然他一副寒酸模樣，可是對人卻熱情誠懇，才來不久就和許多人打成一片，成為無話不談的朋友。

他很喜歡到工人家裡拜訪，也常常出沒於難民收容所。該領麵包時，他和難民一起排隊，吃飽了就和窮漢們一起躺在僻靜的地方閒聊，只要一聊起來就沒完沒了，他對任何事情都感興趣，像是永遠聽不夠一樣。

每個人都喜歡這個水手，覺得他很體貼，因此心裡有什麼話都願意向他傾訴。有時候，這位水手會消失好一陣子，誰也不知

道他到哪裡去了。原來，他是躲起來將耳聞目睹的一切記在紙上。

過了幾個月，當記錄的材料將手提箱裝得滿滿的，他才提著這個箱子向窮苦朋友們告辭回國去。

事後人們才知道這位窮水手就是大名鼎鼎的作家傑克·倫敦。那部轟動世界的名著《深淵中的人們》，就是憑著手提箱裡的素材寫成的。

狄更斯和傑克·倫敦不僅是「體驗」，更是「經驗」了窮人的生活。他們除了實地感受困苦的日子，還用心去體會那種感覺，也因此才能寫出偉大、感動人心的作品來。

每個人都有過失敗的「經驗」，可能是學業、感情或工作方面的挫敗。可是，已經有過失敗的「經驗」了，卻還是有不少人仍然會在往後的人生犯下同樣的錯誤，這是為什麼呢？

因為，發生過的事情對那些人來說，只能稱為「體驗」，而非「經驗」！

如果不能放下過去習以為常的思考模式和知識邏輯，以全新的自己去經歷沒有過的生活，就沒辦法接受新的資訊，對於不同世界的人和事物的想法也永遠不能感同身受。

這麼一來，不論經歷過多少事，也只是增加了「體驗」而非「經驗」了。

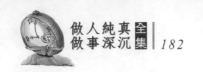
多點鼓勵，幫助別人揮別失意

負面的言語，就像一把利刃，將負面的言語轉換成
正面的鼓勵，才能幫助失意的人克服內心的障礙。

　　對自我的認同是一個人自信心的來源。一個人如果遭到漠視，
得不到肯定，心靈就會受到創傷，對自我就會失去信心。人只有
受到重視，才能體會生存的價值，才有活著的喜悅。

　　因此，激發一個人鬥志最好的方法就是肯定他的價值。利用
行動支持、言語鼓勵，讓被賦予責任的人有種此事非我莫屬、能
力備受肯定的感覺，自然就會全力以赴，完成交代的任務。

　　一個再堅強的人，也有一顆敏感、脆弱的心靈，不管是誰，
只要自尊心被糟蹋，那種挫折感是難以平復的。

　　所以，無論是鼓勵、叮嚀或斥責，都要謹慎使用言詞。

　　法國著名科幻小說作家儒勒‧凡爾納的第一部小說《氣球上
的五星期》完成後，前後寄給十五家出版社，但每次都被退了回
來。一八六三年的冬天，當郵差又送來了第十五次鼓鼓的郵包，
凡爾納像是有預感般沮喪地打開郵包，果然又是退稿信和原稿。

　　凡爾納對此已經絕望了，一氣之下抓起手稿，就扔進壁爐。

當時坐在旁邊的妻子眼明手快地從壁爐中搶救出手稿,但是,凡爾納卻不改初衷,向妻子要手稿,決心要將它燒掉。

妻子把手稿抱在胸前護著不放,不停勸凡爾納:「親愛的,不要灰心,讓我們再試一次吧!或許這次會有好消息。」

因為妻子的鼓勵,凡爾納才又將手稿寄給第十六家出版商。

這家出版社的編輯赫哲爾讀過手稿後大為賞識,不僅同意出版,還和凡爾納簽訂了長期供稿的合約。他認為凡爾納是個很有才能的青年作家,作品中有一種與眾不同的獨特魅力。

《氣球上的五星期》問世後,立即受到廣大讀者的歡迎,成為當時法國最暢銷的書,並被譯成世界各國的文字出版。

從此,凡爾納的科幻小說名聞全球,到處風行。

凡爾納從此開始了四十餘年的科幻小說創作生涯,創作了一百多部科學幻想小說,被譽為「科學時代的預言家」。

在那個幾乎絕望的冬天,儒勒・凡爾納的妻子大概沒有料想到,她從爐火中搶救出來的那部到處碰壁的手稿,竟造就出一位偉大的作家。

面對失意的人,身旁的人往往扮演著重要的角色,他們表現出的態度,決定了這個失意者的未來方向。可是,許多自認「愛之深,責之切」的人,碰到這種情況,第一個反應常常是氣急敗壞地說:「我不是早叫你放棄,你就是不聽。看吧,果然又失敗了。」

負面的言語就像一把利刃,即使當事人真的不適合走這條路,也會因為一席負面的話,毀了日後重新選擇的信心。

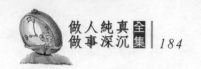
　　凡爾納的妻子才是真正促成「科學時代預言家」的幕後推手。因為她不放棄的搶救和鼓勵，才使得凡爾納有投稿至第十六家出版社的動力，否則空有赫哲爾這個獨具慧眼的編輯也是枉然。一個再有潛力的作家一旦死了心，創作的靈感也會跟著死亡。

　　思想可以控制行為，如果存有「不可能成功」的想法，工作就無法順利進行。將負面的言語轉換成正面的鼓勵，才能幫助失意的人克服內心的障礙。

別人帶來的壓力其實是助力

 面對考驗所帶來的壓力時，應該以積極的心理來面對，平常就該儲存面對壓力的能力，才能以健康的身心來面對挑戰。

適度的壓力是我們前進的動力來源，對於不能逃避的挫折與考驗，我們應該面對它。只有勇往直前，不怕困難的態度，才能讓壓力減輕。

在生活中，有些人像「鐵人」一般，不怕任何的挑戰、不畏困難。他們就像磁鐵，有一股群眾魅力，吸引人們的目光，對他們湧現信任與愛戴，這就是所謂的領袖氣質。然而，這股氣質並非渾然天成，是經過種種精神與肉體的考驗，成就而來的意志力與思想。

希臘哲學家蘇格拉底的妻子是個「悍婦」、「河東獅吼」的典型代表，不僅心胸狹窄、冥頑不靈，還嘮叨個不休。蘇格拉底常常被老婆罵得狗血淋頭，卻還是呆呆地坐在那裡，不為所動。

有一次，他的妻子在對蘇格拉底大發雷霆之後，就當頭潑了他一盆冷水，蘇格拉底卻逆來順受，蠻不在乎地說：「雷鳴之後免不了一場大雨。」

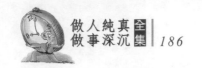

別人覺得很奇怪，一個偉大的哲學家怎麼會娶這樣一個女人，蘇格拉底只是幽默地說：「擅長騎馬的人總是勇於挑戰烈馬，因為只有騎慣了烈馬，駕馭其他的馬才不是問題。相同的，如果我能忍受得了這樣的女人，天底下就再也沒有難以相處的人了。」

馬歇爾是美國三名陸軍五星上將之一。

孩提時代的他是一個學習遲鈍的孩子，不僅常常受到父親的處罰，連哥哥姐姐都欺負他。在不被重視的家庭下長大，使他下定決心以後要讓家人刮目相看。

一八九七年，十六歲的馬歇爾進入了維吉尼亞軍事學院就讀。軍校的生活非常艱苦，特別是一年級新生常常成為學長虐待的目標。馬歇爾一進校就受到了「關注」，因為他在入校前患了傷寒，刺耳的鼻音讓他比別人受到更多的欺負。當時最厲害的「考驗」方法，就是在地板上豎立一把刺刀，然後命令新生蹲坐在刺刀尖上。蹲坐時必須恰到好處，蹲得太輕，刺刀就會歪倒，蹲得太重，臀部就有被刺傷的危險。

馬歇爾立刻成為下手的目標，可是身體還很虛弱的他一坐上去，兩腿就不住地打顫。結果才兩三分鐘，他就支持不住了，一下子坐到刀尖上。

馬歇爾血流如注，最後被抬到軍醫那裡縫了十幾針。學長們擔心他向學校告狀，可是令他們驚訝的是，馬歇爾卻隻字不提。從那時候起，他獲得了大家的尊敬，再也沒人欺侮這個意志堅強的「北方佬」了。

　　據說，蘇格拉底是爲了在煩死人的嘮叨與申斥聲中淨化自己的性靈，才與他的妻子結婚的。

　　至於馬歇爾在回憶軍校往事時曾說過：「當時爲了成就事業，我已決心接受學校生活的任何考驗，並把這類考驗當作對自己性格和毅力的鍛鍊。」

　　通常在公司裡擔任中級主管的時候，所承受的心理壓力往往特別大，但是一旦升爲高級主管之後，反而較能面對壓力。並非高級主管就沒有壓力，而是因爲只有「抗壓性」大的人才能成爲高級主管。蘇格拉底與馬歇爾能有如此成就，就是因爲他們有著驚人的抗壓性。

　　很多人因爲壓力過大，而影響了身心健康，但是壓力並非所有罪惡的源頭。如果整天輕鬆自在，精神也會跟著鬆懈下來，這樣只會萎靡不振，反而容易讓身體機能退化。面對考驗所帶來的壓力時，應該以積極的心理來面對，平常就該儲存面對壓力的能力。別讓自己太過情緒化，找到一個抒發的管道，才能以健康的身心來面對挑戰。

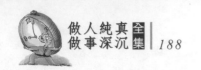

人際網絡要擴大，就得說話算話

 守信不僅僅是為自己和他人負責，更可建立一張穩固的人際網絡，因為信用良好的人，比起信用不良的人更容易取得幫助。

　　誠信要由小處做起，一個人能取信於人，行事就能如魚得水。相反的，若讓人覺得言行不一、不講信用，甚至有可能招致禍端。

　　「曾子殺豬」的故事，告訴我們誠信的重要。「殺豬」不是一句敷衍孩子的話，當曾子真的殺豬時，除了代表做人要言而有信之外，更是培養一個孩子良善品德的開端。

　　〈放羊的孩子〉這個寓言故事，則讓我們看到言而無信的下場。真正讓他損失慘重的主要原因是，人們已不再相信他。

　　英國政治家福克斯以言而有信的美德而著名。給予他成長時期最大影響的，就是他的父親，一位正統的英國紳士。這位紳士為少年福克斯上了一堂最寶貴的課程，也在他心中留下深刻且不可磨滅的印象。

　　當時，福克斯住在一座有著漂亮花園的房子裡。在花園的角落有一座舊涼亭，福克斯的父親打算將它拆除，在另一處較寬闊的地方重新建造。

那時小福克斯剛好從寄宿學校回家度假，正好趕上工人準備拆除亭子。孩子好奇的本性讓他對這項工程大感興趣，希望能觀賞拆亭子的過程，因此要求父親能讓他遲個幾天返校，但是父親並不同意，要他準時回到學校上課。

為了這件事，小福克斯和父親起了爭執，鬧得不愉快。小福克斯的母親見到這種情況，就代他向父親說情。

最後，父親終於退讓了一步，他答應福克斯明年假期再拆除亭子，小福克斯這才心甘情願地回學校。

小福克斯走後，他的父親心裡想著，兒子忙於課業，久了就會把這件事淡忘了，於是就讓人把亭子拆了。

沒想到，福克斯一直把亭子的事情放在心裡，隔年放假回到家中，發現舊亭子不見時，悶悶不樂了好幾天。

有一天吃早餐時，他終於忍不住對父親開口說：「你說話不算數！」

年邁的紳士一聽大為震驚，沉默了一會兒，嚴肅地回答：「孩子，你說得對，我的確不守信。既然知錯，就要能改，言而有信比任何財富都還要重要，即使家財萬貫也不能掩蓋食言帶給心靈的汙點。」

說完，父親馬上讓人在原地蓋起一座亭子，再當著小福克斯的面將它拆了。

言教不如身教，很多人會將這個大道理掛在嘴邊，卻忽略了自己的行為才是最直接且活生生的教材。

相信有許多人在幼年時都曾有過同樣的感覺，那就是「大人

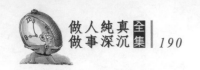
都說話不算話」。也許是為了獲得一時的清靜，許多父母都會輕易給孩子一個承諾，哄騙孩子聽話，但是事後往往不認帳。

只是等到孩子長大後，再用同樣的方式對待下一代，結果使得「不守信」的錯誤觀念一直流傳下去。因此，當你責備孩子怎可不守信用時，請想想是不是自己才是造成今天這個局面的始作俑者？

守信不僅僅是為自己和他人負責，更可建立一張穩固的人際網絡，因為信用良好的人，比起信用不良的人更容易取得幫助。

要讓靈魂之窗保有一線靈光

 我們應張大自己的雙眼、放開心胸，多聽、多看、
多留意身旁的人、事、物，使自己增廣見識。

　　視野要提昇，才有進步的空間。有些人在自己專業的領域上
做得有聲有色，專精於某種技術。這雖然是一件好事，可是若沒
辦法配合整體的大環境，認清市場的需求，以致無法做出亮眼的
成績，對個人甚至是整個環境都是一種損失。

　　有的人雖然睜大了雙眼，卻還是看不清這個世界。這種人可
能把眼睛放在頭頂上，自然無法客觀接收訊息，容易把問題給看
死了。

　　由大局著眼，更要從小處著手。往遠處看，又不忽略基本的
細節，才是真正獨具慧眼的人。

　　法國後期印象派畫家保爾‧塞尚的作品，被後人公認為二十
世紀初期的野獸派、立體派之先驅。

　　可是，塞尚生前並未受到重視，作品不曾引起任何人的注意，
幾乎連一幅畫作也沒有賣出去過，只好無奈地將自己的作品送給
朋友。然而，受贈者往往礙於面子才勉強收下，等到他一走，畫

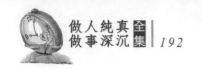

就被扔進閣樓，再也不見天日。一直到過逝之前，塞尚一直毫無名氣。

隔了許久，人們才想起這位畫家，開始談論起他的作品，也慢慢肯定且確立他在美術史上的地位。這時候，才有人開始尋找他的遺作。

當時，有一位著名的收藏家伏拉爾，大老遠來到塞尚的故鄉埃克森‧普羅旺斯，就為了尋覓塞尚的作品。

他打聽了許久，才找到一位保存著塞尚幾幅油畫的伯爵夫人。

夫人問明伏拉爾的來意後感到很疑惑，怎麼會有人要塞尚的畫呢？她認為那根本稱不上是藝術品。等到夫人讓人到頂樓去找那幾幅畫時，才發現老鼠早已把塞尚的畫啃爛了。

過了幾天，伏拉爾又找到一位擁有塞尚畫作的業餘畫家。那位先生的回答更是令伏拉爾哭笑不得，原來他不願意人家嘲笑那些上乘的畫布上竟然是塞尚的畫作，因此，自己又在上面作了畫。

伏拉爾失望之餘只好繼續尋找，終於打聽到有一戶人家收藏著一批塞尚的畫，這些油畫當然也被丟棄在小閣樓裡。伏拉爾見到這些畫後，開心地表示願意以一千法郎買下來，讓謹慎的主人聽了大吃一驚。

由於害怕受騙，主人還拿著支票跑到臨近的銀行確認是不是空頭支票，然後才歡天喜地讓伏拉爾把畫取走。

伏拉爾前腳才剛踏出，閣樓的窗戶就突然打開，那戶人家喊住了他。伏拉爾原以為那戶人家明瞭了畫作的藝術價值，反悔將畫賣給他，沒想到是他們收拾閣樓時又翻出另外一幅畫，接著就把這幅油畫扔了下來，好讓伏拉爾一齊帶走。這一幅油畫恰好是塞尚最傑出的作品之一。

就因為對「藝術」的偏見，讓「珍品」成為「廢物」實在是一件可惜的事。若沒有伏拉爾獨到的眼光，在塞尚的作品完全消失之前就先行尋寶，今天大概只能留下傳說，而不見真跡。

　　其實，不只藝術品如此，人也是一樣。許多有才華的人由於得不到賞識，碰不到機緣，所以只能抱憾終生，再傲人的才華也被掩沒在時代的洪流中。

　　我們應張大自己的雙眼、放開心胸，多聽、多看、多留意身旁的人、事、物，這不但能使自己增廣見識，說不定也能發掘出「璞玉」，幫助人才有所發展，何樂而不為呢？

　　在逆境中要能看到未來，不被失意打敗，也不要短視近利，更不要得了紅眼病，整天嫉妒別人，最終走向罪惡之路。眼睛是靈魂之窗，不只是因為能夠見到這個廣大的宇宙，更是大腦與世界溝通的橋樑。

　　讓靈魂之窗保有一線靈光，凡事看遠一點，才能讓自己更進一步。

別為了榮譽而沾沾自喜

如果為了得來不易的榮譽就沾沾自喜，成為驕傲的孔雀，那麼，阻礙你前進的絆腳石其實是自己搬來的。

　　席勒曾經說過：「比生命更重大的，是榮譽。」那麼，在榮譽之前，又要以怎樣的態度來面對呢？

　　迷失於掌聲之中的人，容易因為自大高傲，陷於迷障而不自知。虛名、權勢、地位，會讓人忘掉自己。可是，短暫的光芒不是光芒，不過就如同彩虹般一閃而逝，什麼也無法留下。

　　要爭取榮譽、創造榮譽、愛護榮譽，但是不要沉迷於虛榮。在榮譽面前，更要以平常心來看待。

　　某一天，居禮夫人的好友到家裡作客，閒聊之際，瞥見了居禮夫人的小女兒正拿著一枚閃閃發亮的東西把玩，仔細一瞧，才發現那是英國皇家學會頒發給居禮夫人的獎章。

　　好友吃驚地說：「夫人，那可是一枚英國皇家學會頒發的獎章，這是一項極高的殊榮，得來不易。您怎麼能隨隨便便讓孩子拿去玩呢？」

　　居禮夫人聽完不以為意，輕笑說：「我這樣做並非毫無道理。

我希望能讓孩子從小就明白，榮譽就像個玩具，只能玩玩，絕對不能永遠守著它不放。否則就將一事無成，永遠不會進步。」

有一家非常有名的電視台老闆邀請愛因斯坦上節目發表電視演說，能上這個節目的來賓通常非顯即貴，很多稍有政經地位的人都擠破頭用盡辦法，想上一次節目。但是，愛因斯坦拒絕了電台老闆的邀請。

老闆感到很疑惑，問道：「你難道不知道，普通人是無法隨隨便便就上這個節目的，這是多少人夢寐以求的殊榮。」

愛因斯坦仍一點也不心動。

為了邀請這位有名的發明家，電台老闆想了另一個辦法。

他告訴愛因斯坦，只要他願意上節目，可以付給他一筆可觀的價錢——一千美元。

「我的話根本值不了那麼多錢。」愛因斯坦說。

老闆笑了笑，就問道：「我想你大概不喜歡金錢吧？」

愛因斯坦聽完大笑說：「錢，我倒是挺喜歡的，它非常有用。有一次某個基金會寄來了一張面值一千五百美元的支票，我把它拿來當成書籤使用了。只是，後來那張書籤和那本書一起弄丟了！」

愛因斯坦曾經稱讚居禮夫人為「真正不為榮譽腐蝕的人」，他本身也是一個會因記者將他的照片刊在報紙上而發火的人。這兩個留有偉大聲譽的名人，獲得成就之後，都未曾讓名聲成為實現夢想的「包袱」，對一切外在名利，他們不為所動，依然以純

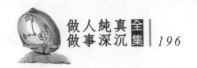
粹的心繼續前進、創新。

　　榮譽，是個人生命歷程中最寶貴的資產，就像自己身上的器官，絕對不能輕視和隨意丟棄。然而，最應該留意的是，不能過度保護與憐惜它。

　　如果為了得來不易的榮譽就沾沾自喜，成為驕傲的孔雀，那麼，阻礙你前進的絆腳石其實是自己搬來的。何況一個人的成功，絕非單打獨鬥得來，這條路上還有許多無名小卒在背後促成你獲得這些榮耀。

　　榮譽，只能表現過去的光芒，不能展露現在，更不能代表未來。得到榮譽的一刻，就是提醒自己，必須秉持同樣的精神，從頭開始做新的努力與衝刺。

用理性的態度更正自己的錯誤

 處世不會永無失誤，因此我們要學會反省和道歉。只要不是惡意欺騙，相信人們可以諒解且包容無心的過失。

現代社會中，當工作出了問題，必須要有人「負責」的時候，常見眾人互相踢皮球，推諉塞責，鮮少有人主動承擔過失，並找出錯誤的原因加以改進。也因為這樣，問題永遠沒有解決的一天。在人們逐漸淡忘之後，事情就不了了之，直到下一次相同的問題再度發生。

人應該用理性的態度面對自己的錯誤，才會有更寬廣的出路。愈是重要的問題，愈需要立刻改進，尤其是對社會大眾有深厚影響力的公眾人物，更要注意自己的失誤，並且更要懂得反省與改進自己的錯誤。

《魯賓遜漂流記》是英國著名作家丹尼爾‧狄福的不朽之作。內容敘述一個名叫魯賓遜的人，在海上遇到風暴，船毀了人也落海，最後漂流到一座荒島上孤獨求生的故事。

魯賓遜漂到了孤島上後，將溼透的衣服脫下，掛在樹枝上晾起來，然後穿過樹林，向荒島內部走去。第一版的書上描述：

「這是一個無人煙的荒島，到處佈滿了亂石和野樹。魯賓遜走著走著覺得肚子餓了，但是卻找不到可以吃的東西。後來他發現了一棵樹，樹上結著從沒見過的果子，他就摘下很多的果子，放在衣兜裡，再回頭向沙灘走去……」

書出版不久之後，一位年輕的讀者發現了一個不合理的問題，就寫信給狄福：「狄福先生您弄錯了，魯賓遜所處的時代哪有衣兜呢？」

狄福收到信後，對於自己的粗心深感歉意，覺得對不起那些熱心的讀者。於是，他虛心地回信給小讀者，檢討自己的失誤，感謝這位小讀者的指正，並在書中作了更正。

法國大作家大仲馬的小說《基度山恩仇記》是一部家喻戶曉的作品。在小說中有一段謀殺情節：美貌卻狠心的檢察官夫人為了繼承一筆巨額財產，曾五次使用一種叫番木鱉鹼的劇毒藥，造成四個繼承人中毒死亡，唯有她的繼女，一位年輕女孩僥倖活了下來。

原來，是因為某殘疾老人事先告知少女，讓她有所防備，才能在中毒後免於一死。他讓少女每日食用一點他自己用來治療偏癱病的番木鱉鹼，由少到多地增加劑量，讓少女逐漸產生對抗這種毒素的抗體。果然，少女雖然服進一帖足以致死的番木鱉鹼，但仍然活了下來。

但是在這個過程中，才華洋溢的大仲馬弄錯了一個毒理學的基本常識，長期服用番木鱉鹼不但不能產生抗毒性，反而會造成慢性中毒。小說中的這個情節雖曲折巧妙，但卻傳達一個錯誤的概念。

兩位知名作家所犯的共同失誤，都是沒有仔細探究資料來源是否正確。這樣的問題，時常出現在各類文章書籍之中。或許真相眾說紛紜，但是身為一個文字工作者，仍該為自己的言論負責，畢竟一部作品影響著無數的閱讀者。尤其是一些會影響到生命安全的專業知識，更是要小心，否則因為這個錯誤的觀念，造成無可挽回的傷害，就不是誰可以負責的。

　　人都有失誤的時候，即使是專家也難免出錯。錯誤並不可恥，重要的是從中汲取教訓，並且不再犯相同的過失。

　　做人處世不可能永無失誤，因此我們要學習反省和道歉的道理。只要不是惡意欺騙，相信人們可以諒解且包容無心的過失。

　　此外，我們更要擁有判斷資訊正確與否的能力，不要一味相信別人所提供的訊息，才能給自己多一點保障。

在關鍵時刻
做正確取捨

若是緊抱著過去的榮光不放，

而忽略了未來的趨勢，

我們很可能就會成為

被時代淘汰的昨日黃花。

發揮聯想力，就能獲得想要的利益

我們只要具備觀察力，運用自己的頭腦，發揮聯想力，相信同樣也可以創造出自己的一片天。

如果有一天，你在報紙上看見本國的肉品產量過剩，然後，又從另一個消息來源得知，本國需要購買一筆大量的化學物質，這兩件乍看之下風馬牛不相及的事，是否會引發你的聯想力呢？

其實，所謂的「商業」，說穿了不過是「需要」與「供給」之間的連連看遊戲，如果能巧妙地滿足每一方的需求，那麼，即使你沒有什麼本錢，也能從中獲得巨大的利益！

在這個全球化的時代，我們必須擁有縝密的思維，才能看見跨越藩籬的「供需」關聯，並將之串成一面源源不斷的網路。

在阿根廷有一位名叫圖德拉的人，原本是一位自學成才的工程師，後來，居然突發奇想，要做石油方面的生意。

當時，他既沒有石油界的關係可以憑藉，也沒有雄厚的資金基礎，不過，他採取迂迴的連環計卻大獲成功。

首先，他從一個朋友那兒得知阿根廷需要購買兩千萬美元的丁烷，同時又從報上獲悉，阿根廷的牛肉過剩，幾乎不用現金就

可以取得。

這本來是毫不相干的兩件事情，可是，圖德拉得到信息以後，卻在大腦中展開了豐富的聯想。

等待思慮成熟以後，他先飛到了西班牙找商機。果然，那裡的造船廠正在爲沒有人訂貨而發愁。

圖德拉告訴西班牙人：「如果您能夠向我訂購兩千萬美元的牛肉，我就可以訂下你們造船廠兩千萬美元的超級油輪。」

西班牙人當然很痛快的接受了這個條件，就這樣，他成功地把阿根廷過剩的牛肉賣給了西班牙人，從西班牙購買了一艘超級油輪。

之後，他又立即找到本國的一家石油公司，以購買對方兩千萬美元的丁烷爲交換條件，要石油公司租用他從西班牙購買的超級油輪。當然，丁烷的錢是阿根廷政府拿出來的。

圖德拉採取了迂迴戰術，精心設計了一個非常周密而大膽的「連環計」。

圖德拉就是這樣買空賣空，自己不出一分錢，利用別人的資金，進入了石油海運行列，並且很快成爲石油海運大王。

很多人失敗，通常是輸給自己，而不是輸給別人。因爲不敢夢想，所以不敢積極地挖空心思，最後自然不會有什麼驚人的成就。

我們必須成爲像圖德拉這樣思維縝密的人，才能看見跨越地理國界或各種藩籬的「供給」與「需求」之間的關聯，並用我們的聰明才智，巧妙地將那些散落的片段連結起來，串成一面源源

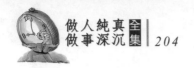

不絕的網路。

　　圖德拉的成功，就在於他靈活的頭腦能夠快速地組織起這樣的一條供給鏈，將那些在別人看來不相關的事件，轉變成足以致富的有利條件。

　　成功致富並不困難，我們只要具備像他一樣的觀察力，運用自己的頭腦，發揮聯想力，相信同樣也可以創造出自己的一片天。

不注重名位，才是大智慧

 名利雙收不一定能讓人得到心靈的富足，反倒時常
引來爭端與危機。「讓」出名聲、地位，反而是最
有智慧的處世之道。

　　形容一個人同時獲得實際利益與讓人讚譽的名聲時，我們常
常會說這個人「名利雙收」，不過，名與利經常難以兼得，在許
多時候，比求取虛名更能讓自己得到好處的事，反而是「讓名」。

　　或許，你會好奇地詢問，將名聲讓給別人會有什麼好處呢？

　　安德魯‧卡內基是舉世聞名的鋼鐵大王。他事業成功的因素
很多，其中最重要的一點是「善於讓名」。

　　卡內基從小就受到啓發，懂得「讓名」的好處。

　　少年時代，有一次他抓獲一隻懷孕的母兔，不久生下了一窩
小兔子。他沒錢買蔬菜，也沒有時間割青草來餵小兔，於是想出
了一個好辦法。

　　他告訴鄰居家的孩子們，誰能供應小兔們食物，就用誰的名
字爲小兔命名。這個辦法對孩子們的吸引力很大，爭著要可愛的
小兔子取自己的名字，於是一窩蜂地尋找嫩草菜葉去了。

　　憑這個方法，卡內基既養大了小兔，又增進了與鄰居小朋友

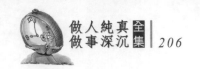
的友誼。

後來，卡內基在經營上也常常利用這種辦法。

在修築賓夕法尼亞鐵路時，他為了爭得鐵軌的獨家生意，立即把自己新建的煉鋼廠以賓夕法尼亞鐵路公司董事長湯姆生的名字來命名。

這個辦法果然妙，不費一文錢就使湯姆生樂得宣佈無條件地購買卡內基工廠生產的鐵軌，卡內基的事業從此蒸蒸日上。

卡內基成了赫赫有名的鋼鐵大王後，仍舊表現謙虛。

有一次，一個年輕的記者問他：「你一定是世界上最偉大的煉鋼專家吧！」

卡內基謙和地說：「不敢當。煉鋼學識比我強的，光是我們公司就有二百多位，我怎能稱得上是最偉大的專家呢？」

年輕記者聽了，不解地問：「可是，事實上，他們都是你的屬下，都要聽從你的指揮和調度啊！」

卡內基說：「這也不能說明我比他們強，他們都各有特長，我只不過是盡量發揮他們的學識和特長罷了。」

這位年輕的記者又去訪問卡內基公司裡的專家們。

有一位煉鋼專家說：「我是公司裡的老員工，幾十年來，我每次得到一點成績，就能受到卡內基先生的鼓勵，得到應得的升遷和報酬，所以心情十分愉快，工作也很順利。」

另一位專家說：「我原先在別的公司工作，那裡的經理自詡為最了不起的專家，其實並不比我強，於是我把『最』字讓給了他；到了這裡，卡內基先生比我強得多，卻不肯居『最』的位子，我們共事起來非常和諧。」

又有一位專家回答說：「我是公司的新成員，覺得卡內基先

生善於製造互相謙讓、團結合作的氣氛,在這種氣氛中工作,我不必考慮人際關係,只要在事業上多努力就行了。」

如果我們是那名年輕的記者,介紹卡內基的謙和,或許會這樣寫:「那些不可一世地自稱最偉大的企業家往往嚇得合作者步步退卻、人才敬而遠之。那些為虛名而寸步不讓的企業家自吹自擂之時,也許,正是像卡內基這樣恬淡謙沖的人取勝的良機。」

美國總統傑佛遜曾說:「帶來幸福的是寧靜與工作,而非財富與虛名。」

名利雙收不一定能讓人得到心靈的富足,反倒時常引來爭端與危機。

卡內基懂得「讓」出名聲、地位,替自己換來整個企業的團結向心,反而是最有智慧的處世之道。

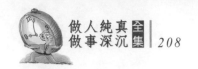
在關鍵時刻做正確取捨

若是緊抱著過去的榮光不放，而忽略了未來的趨勢，
我們很可能就會成為被時代淘汰的昨日黃花。

在我們工作的歷程中，如果有一種事業或工作讓我們得到不
少利益，一般人應該會持續不斷地一直做下去，直到做不動了為
止吧！

人都有求安穩的本能，一旦習慣了工作的內容或方法，便會
產生依賴的心態，除非有特殊原因，否則我們是不願意也不敢隨
便冒險做出改變的。

做事一以貫之固然很好，不過，在現在這個不斷變動的時代，
除了保持安穩之外，我們還需要進行其他的考量。

香港富商李嘉誠當年生產塑膠花，投資效益很好，一個美國
財團知道了以後，表示願意以三百萬港幣收購他的整個工廠。這
個價錢超過該廠實際價值的兩倍，經過反覆考慮，李嘉誠終於同
意出讓。

李嘉誠幾十年來一直從事塑膠工業，原本想用這筆資金創辦
一家規模更大的塑膠工廠；而且當時塑膠工業正十分興旺，應該

會很有作為的。

但是，他見到眼前的繁榮，卻也看到了這一行的危機，最後下決心跳出自己的老本行，重新考慮投資方向。

經過分析，他認為在香港經營房地產大有可為。不久後，香港受大陸文革的影響，許多香港人為了趕緊離開香港，紛紛廉價拋售房屋。李嘉誠毅然做出決定，以賣掉工廠的幾百萬元大量收買土地和房屋。

一年多以後，香港局勢穩定下來，房地產的價格猛然回升，李嘉誠從中所獲得的利潤，一下子就提高了幾倍。

從此，李嘉誠所擁有的地皮，已足以和香港的一些大房地產商分庭抗禮，奠定了後來在香港建立龐大事業的基礎，最終使他成為香港首富。

而他原先所從事的塑膠工業，卻很快地衰敗了。

美國趨勢專家約翰‧耐斯比特說：「必須向現在學習如何預測未來。如果能做到這一點，我們就會了解趨勢並非靜止不動的，而是瞬息萬變的。」

有人說，人生的面貌是不斷選擇與取捨所造成的結果。

確實如此，我們時時刻刻都在做選擇，在關鍵時刻更要面對令人為難的取捨，取捨是否正確，正是成功與失敗的分野。

李嘉誠成功致富的故事是一個很好的借鏡，讓我們知道「難捨能捨，難得能得」這句話的真義。

賣掉了塑膠花工廠所得的錢，究竟應該繼續投入已經非常熟悉但是前途堪虞的老本行，或是應該採取較為冒險的行動，投資

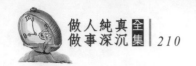
在新的房地產領域中？

　　要做這樣的決定並不容易，正因爲不容易抉擇，所以成功致富的道路，從來就不是人人都有辦法走上的。

　　若是緊抱著過去的榮光不放，而忽略了未來的**趨勢**，李嘉誠不但無法成爲香港首富，更有可能隨著塑膠花工業的沒落，成爲被時代淘汰的昨日黃花。

　　時代不停地在變動，我們的眼光與行爲也應該如是；今日已經沒有所謂的「金飯碗」、「銀飯碗」，我們應該要隨時保持自己的敏銳度，以前瞻性的眼光，在必要時做出取捨，掌握時代的**趨勢**。

用自己的方式發揮獨特的天賦

無論你的天賦是什麼，了解自己的才能、把握自己
的才能，你也能打造出一個足以傲視世界的王國。

　　活在競爭劇烈的世界，需要有什麼樣的能力，才能讓自己成
爲億萬富翁？

　　要是哈佛商學院畢業，擁有**MBA**學位？當醫生或律師？或是
最好是生來就有幸繼承龐大的家業？

　　這可不一定！

　　你得仔細想想自己有什麼天賦，做什麼工作最得心應手，再
找出最適合自己的路。

　　一九四九年，一個陰雨綿綿的日子裡，巴黎一家酒吧中，一
個十七歲的青年獨自一人喝著悶酒。

　　他出生於義大利威尼斯一個商人家庭，本來擁有幸福的生活。
但第一次世界大戰毀掉了父親的生意，一家人被迫遷居法國，母
親沒有工作，父親無力東山再起，全家的重擔都落在他稚嫩的肩
膀上。

　　此時的他靠著勤奮和聰明，當上了一名小會計。但會計的收

入很低，根本應付不了一家人的生活開支。

不僅如此，因為生活窮困，就連一件像樣的衣服他都買不起，只好自己動手做；好在他喜歡裁縫，做出來的衣服還相當不錯。

「我的前途在哪裡呢？偌大一個巴黎，為什麼沒有機遇呢？」他一杯接一杯地飲著酒，一遍又一遍地在心裡這樣問。

這時，一位衣著華麗的伯爵夫人坐到青年的旁邊，對他說：「你身上的衣服是從哪兒買來的，做得很不錯呢！」

「啊，這是我自己做的。」

「自己做的？」伯爵夫人顯然很吃驚，但她肯定地說：「孩子，努力吧，就憑這個，你一定會成為百萬富翁！」

我的衣服做得很不錯！我一定會成為百萬富翁！青年心頭的陰霾立即消散了，因為從來沒有一個人這樣高度評價過他，何況眼前這個鼓勵他的人還是一位有地位有身分的貴婦人呢！

一九五○年，堅信自己能夠成為百萬富翁的青年租了一間簡陋的店面，開了一家服裝店。

就在這一年，他為著名影片《美女與野獸》設計戲服，並且主辦了一次服裝展示會。

青年的事業步上軌道，一步一步向他的目標邁進。

一九七四年十二月，美國《時代》雜誌封面刊登了他的照片，並稱他為「本世紀歐洲最成功的設計師」。他就是皮爾・卡登。

有人說，在法蘭西文明中，有四個知名度最高、地位最突出的人事物，分別是艾菲爾鐵塔、戴高樂總統、皮爾・卡登服裝和馬克西姆餐廳。

　　四個當中的後兩個，都是皮爾‧卡登的。

　　如今皮爾‧卡登的財富，早已超越了百萬，在世界五大洲的八十多個國家裡，有六百多家工廠按他的設計製造「皮爾‧卡登」服裝和「馬克西姆」的各種產品，他擁有五千多家專賣店，年營業額超過一百億法郎。

　　皮爾‧卡登，一個多麼響亮的名字！但是，恐怕很少人知道，這位名設計師的出身竟然是那麼寒微。

　　或許是那位伯爵夫人點醒了他吧！若不是這個偶然，恐怕今天的法國就會損失一位不世出的服裝奇才了。

　　克里斯多福‧莫利曾經這麼說：「成功只有一種，那就是能夠用自己的方式度過自己的一生。」

　　無論你的天賦是什麼，了解自己的才能、把握自己的才能，即使是一把裁縫刀，也能打造出一個足以傲視世界的王國。

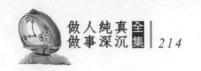
內容必須和包裝相得益彰

客戶真正的需求不是外在的包裝，而是紮實的內在。
空有華麗的外表卻內容貧乏的商品，是不會受顧客
歡迎的。

　　如果你喜歡音樂，又常常去逛唱片行，可能會發現現在的
CD唱片包裝越來越華麗、宣傳詞越來越精美，還常常做一些改
版、送贈品的商業行銷。

　　不過，由銷售的數字看來，其實唱片業不景氣的情況非常嚴
重，業者認為網路下載對客人的購買慾有著非常大的影響，於是
便在唱片的包裝下功夫。

　　但是，仔細觀察又會發現，以前很少聽過的一些地下樂團、
獨立歌手的唱片，在銷量上又有著長足的進步。這又是為什麼呢？

　　英國有種以企鵝為品牌的書籍最為暢銷，在國內外都有著廣
大的市場。這種品牌是一九三五年問世的，出版者名叫艾倫，當
時剛好三十歲，正雄心勃勃地想幹一番事業，但他的銀行存款只
有一百英鎊，能闖出什麼名堂呢？

　　有一天，他到朋友那裡度完週末，準備返回倫敦，為了消解
旅途的無聊，在火車站想買一本書帶到車上看。

　　可是，當時歐洲的書籍都是羊皮面精裝的，書價很貴，用來解悶似乎很不合算，所以他只是問了一下書價卻未買下。

　　同他一樣情況的旅客並不少，還有人咕噥了一句：「我只是要看書的內容，又不是看貴重的羊皮封面。」

　　艾倫腦子裡閃過了一個改變一生的念頭：「我爲什麼不可以出版價廉而內容精彩的平裝書呢？」

　　他想，這樣多數人都能買得起，既推廣了好書，又可以從中獲利。

　　回到家中，他投入了僅有的一百英鎊準備實行他的平裝書出版計劃。儘管他的計劃遭到很多人潑冷水，然而他抱定宗旨，即封面可以簡裝，書的內容絕不能降低標準，所以他的第一本書就是再版海明威等著名作家的優秀作品集，憑此獲得了一些出版家的賞識。

　　於是，平裝書問世了。這種書售價只有原來精裝書的十二分之一，同樣能從中讀到優秀的作品，很快就受到廣大讀者的歡迎。

　　艾倫的第一批一百萬冊平裝書在幾個月內就銷售一空，隨後再接再厲，出版了一批又一批的平裝書，於是，平裝書昂首闊步地走向了世界。

　　不管包裝怎麼樣，顧客眞正想得要的是內容——也就是作品本身的精采豐富，而不是那些花俏的包裝或贈品。

　　網路的興起使得一些平常不容易聽見的好音樂，更簡便地被介紹到大眾的面前，也更使得那些不在音樂本身上下功夫的歌手與製作人顯得乏善可陳。這就是問題的關鍵：客戶眞正的需求不

是外在的包裝，而是紮實的內在。

艾倫了解到這一點，所以他成功了，躍爲出版大亨。

包裝決定產品的賣相，但是，內容必須和包裝相得益彰，空有華麗的外表卻內容貧乏的商品，是不會受顧客歡迎的。

一直因爲銷售業績而苦惱的經營者，是否應該再回去仔細看看自己所推出的產品，眞有廣告上說的那麼好嗎？

想要脫穎而出，就要全力以赴

不要只會抱怨為什麼自己的才能不為人知，勇敢地為自己製造機會吧！只要努力以赴，多方嘗試，相信你一定能夠脫穎而出。

在工作崗位上，你是否感到抑鬱不得志？是否覺得自己空有滿腹才能，卻沒有辦法展現？是否覺得那些平步青雲的人，未必有自己這樣的本事？

兩千多年前的毛遂也曾經有這個困擾，但是他不甘於屈服現狀，後來才會出現「毛遂自薦」這句成語。

公元前二五七年，秦軍包圍了趙國的都城邯鄲，趙國的平原君趙勝受命前去楚國借救兵。他挑選了十九個文武雙全的門下食客同行，正準備出發時有個叫毛遂的食客向平原君自我推薦，要求同去楚國。

平原君問：「您在我門下有多久了？」

毛遂回答：「已有三年了。」

平原君冷冷地說：「一個賢能的人活在世上，好比是一把錐子藏在口袋裡，錐子的尖頭立刻就能破袋而出，可是您在我這裡都三年了，我從沒有聽說您有什麼突出的地方，您既然沒有什麼

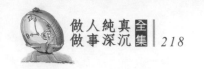
才能，帶您去有什麼用？」

毛遂說：「要是我毛遂被放在袋子裡，早就可脫穎而出，哪裡只會僅僅是錐子的尖頭露出來而已呢？」

平原君見他善於言辭，態度又誠懇，就帶他同行。

到了楚國，平原君與楚王在廟堂上商量著聯合抗秦的事，毛遂和其他十九個人在台階下等候，但是兩人談了半天並沒有結果。

這時，毛遂忍不住逕自走到平原君身邊說：「該不該聯合抗秦，幾句話就能解決，怎麼說了半天了還沒說完呢？」

楚王見狀，火冒三丈：「我跟你的主人正在商量天下大事，怎麼要你來多嘴？還不快給我下去！」

毛遂聽了，手按著寶劍，快步靠近楚王說：「天下大事，天下人都有說話的資格，怎麼會是多嘴？」

楚王見他按著寶劍，心裡一陣害怕，嘴上軟了下來：「那麼，我倒要聽聽看你有什麼高見？」

毛遂說：「楚國有五千里土地，一百萬兵甲，稱得上威勢赫赫。但是，秦國派出白起這個微不足道的小子，只帶了幾萬兵馬，就佔了你們好幾座城池，把你們的國都拿去做了秦國的南郡，你們的祖先也受到了他們的蹂躪。這樣的恥辱和仇恨，每個楚國人此生都不會忘記，難道大王就不想雪恥了嗎？今天和你商議抗秦之事，還不是為了楚國，怎麼會單單是為了趙國呢？」

幾句話就像錐子似的扎在楚王的要害之處，楚王無法辯駁，只得溫和地說：「對，你說得是，我同意與貴國聯合抗秦。」

毛遂於是捧著盛血的銅盤子，跪到楚王面前說：「您應該先歃血表示聯合抗秦的誠意，其次是我的主人，再其次是我。」

毛遂三言兩語，就使楚王和平原君歃血為盟。堂下的十九個

人，都佩服毛遂的膽量和辯才，紛紛說：「這把錐子，今天算是脫穎而出了。」

待平原君回到趙國，便將毛遂奉爲上客。

不要只會抱怨爲什麼自己的才能不爲人知，想要出人頭地就應該明白如何製造機會，適時展現自己的才能。

東方文化中對於這種「推銷自己」的行爲或多或少有些貶抑，許多人也因此卻步不前，或認爲自己「還不夠資格」、「還沒有準備好」，因而遲遲不敢採取行動。殊不知這樣等下去，可能永遠都只有大嘆老闆不識人才的份而已。

勇敢地爲自己製造機會吧！只要努力以赴，多方嘗試，相信最後你一定能夠像毛遂一樣脫穎而出。

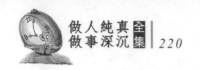

用柔軟的身段面對挑戰

 低頭不是示弱，如果能在必要時放低姿態，以柔軟的身段來面對外界的質疑與挑戰，必定能讓自己受用無窮。

德國哲人斯威布曾說：「越是不曲的鋼刀，越容易折斷。」

不管一把鋼刀有多麼剛硬、多麼銳利，若是刀身不具有彈性，那麼它能使用的時間就非常有限。因為，一把沒有彈性的刀，會將揮砍時所遭受到的反作用力統統迴向刀身，用不了多久就會折斷了。

秦朝末年群雄並起，被擁為共主的楚懷王將反反秦兵分為東西兩路人馬，東路由項羽率領兵馬七十萬，西路由劉邦率領兵馬十萬，同時向關中進發。

楚懷王事先和群雄約定，誰先入關誰就封為關中王。結果劉邦先入了關，可是那時項羽兵多勢眾，不但不遵守約定，還想設計除掉劉邦。

項羽自封為西楚霸王，封劉邦為漢王，打算讓劉邦到南鄭去。但是，項羽的謀士范增極力反對說：「南鄭那地方，內有重山之固，外有峻嶺之險，讓劉邦去，豈不是縱虎歸山？」

項羽忙問：「有什麼辦法殺他嗎？」

范增說：「有辦法。等劉邦上朝，大王就問他願不願受封南鄭。如果他說願意，你就說：『我早知道你願意去，那裡是養兵練將、聚草屯糧的好地方嘛！養足了銳氣好跟我爭天下，對不對？這就證明你有反我之心。』如此一來，便可將他一殺了之。」

范增又說：「如果他說不願意去南鄭，你就說：『我知道你是不願意去的。本來嘛！我們有約在先，誰先入關誰就當關中王，你先入了關，叫你上南鄭去，你怎麼會去呢？既然不願意去，就是公開反我。與其如此，不如現在就把你殺了。』這樣一來，劉邦左右都難逃一死！」

項羽聽了，大稱妙計。

不多久後，劉邦就上殿參見項羽。項羽便說：「本王封你到南鄭去，你願不願意去？」項羽拍著桌案，問得很著急。

劉邦聽後，心中納悶，雖然願意去，但卻不敢表白，忙說：「大王啊！臣食君祿，命懸於君。臣如陛下坐騎，鞭之則行，收轡則止，臣唯命是聽。」

項羽一聽，真是無可奈何，只好說：「你若是聽我的話，那麼南鄭你就不要去了。」

劉邦說：「是，臣遵旨。」

就這樣，劉邦用模糊的語言與柔軟的身段，救了自己一條性命。後來，他慢慢培養自己的實力，終於打敗項羽，成為漢朝的開國始祖。

劉邦與項羽在個性上是兩種不同的典型，最終的成就也有戲

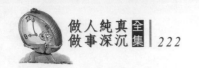

劇性的不同。項羽剛強跋扈，武勇天下無敵，自立為西楚霸王，最後兵敗烏江自刎；而劉邦卻以人格特質中的韌性與彈性，一步步擴張自己的勢力，最終取得天下。

劉邦懂得該在什麼時候低下頭，用柔軟的身段與語言，為自己避開不必要的災禍；這不是示弱，而是懂得保存自己實力、為將來打算的彈性思維。

看完楚漢爭霸的結局，我們應該仔細想想，自己是否常為了逞一時之快，或為了一時的意氣之爭，將話說絕、將事情做絕，卻也因此堵住了自己未來發展與轉圜的空間？

如果能在必要時放低姿態，學學劉邦的進對應退之道，以柔軟的身段來面對外界的質疑與挑戰，必定能讓自己受用無窮。

你也可以
光明正大說謊話

「弄假成真」的手段並不高明，也不夠高尚，

但是，這在爾虞我詐的社會中，

在政治的競技場上，

能夠正大光明的又有幾個？

責備，不一定要暴跳如雷

如果只看得見別人的缺點，只會直指別人的鼻子大罵不是，那麼只會產生更多的衝突，也是最笨的溝通方式。

法國文豪巴爾札克曾說：「人總是喜歡在別人面前炫燿自己，自己原本一無所有，卻要處處裝出什麼都有的樣子。」

這種傾向以小人最明顯，小人最常炫燿的除了財富、地位、名聲之外，就是「高尚的品德」，只不過，這樣東西實際上是他們最欠缺的。

儘管許多勵志作家都教導我們，為人處世應該以寬容為本，但是，面對一些厚顏無恥的行徑，寬容過了頭就會變成縱容，只會使小人的氣焰更加囂張。

如果你實在看不下去，又何妨想想法子挫挫小人的銳氣？

二十世紀四○年代，美國色情工業方興未艾，有些唯利是圖的好萊塢製片商為了追逐金錢，開始大量製作色情電影，並高價徵求色情劇本。

當時，有個製片商在徵求劇本時，提出了四個要求：「一要有宗教色彩，二要有貴族氣息，三要有性愛場面，四故事要令人

驚愕」。

　　有位著名的劇作家聽到消息後，認為此風不可長，為了要調侃這位製片商，便照著他的要求，一個晚上就把劇本完成了，並且第二天一早就送去給那位製片商。製片商收到「名家之作」非常高興，但是，看完劇本之後，卻大罵這個編劇：「你是存心來找碴的嗎？」

　　原來，劇作家送來的劇本只有一句話，這句話是：「『上帝啊！』公爵夫人高聲喊道：『快把你的手從我的大腿上拿開』。」

　　這位幽默的劇作家，笑嘻嘻地對著火冒三丈的製片商解釋道：「親愛的先生，您不是公開聲明說要符合您提出的四個要求嗎？那麼『上帝啊』，難道不算宗教色彩嗎？『高聲叫喊的公爵夫人』，不也富有濃厚的貴族色彩嗎？『快把你的手從我的大腿上拿開』，您瞧，有隻手已經放在公爵夫人的腿上，這不正是性愛的場景嗎？如果您的精神還正常的話，從整句台詞的語氣上來看，相信您一定感覺非常驚愕吧？如此一來，您所要求的四個標準，在這個劇本裡不是都具備了嗎？」

　　被戲弄的製片商聽了這話，氣得面紅耳赤，卻也只能無言以對地看著劇作家大搖大擺地離開。

　　人是最擅長偽裝的動物，現實生活中道貌岸然的小人很多，如果你不想老是受他們宰割，那麼就得放聰明一點，透過適當的方式加以反擊。

　　病態的社會是小人滋長的溫床，在過度追逐名利的情況下，往往會造成許多錯誤、不良的社會風氣，以及扭曲的價值觀。

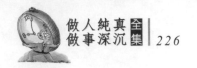
聰明的劇作家以極其諷刺的方法，撰寫了一個絕妙的劇本，藉以突顯色情電影業者在追逐金錢時的厚顏無恥，雖沒有和製片商正面衝突，卻以更直接地方式，給予同製片商一個無形的教訓。

同時，這個劇作家也提供了一個絕佳的溝通技巧。

人與人之間的相處，需要的是多點心思、多點溝通，如果只看得見別人的缺點，只會直指別人的鼻子大罵不是，那麼只會產生更多的衝突，招來更多報復，這也是最笨的溝通方式。

學學劇作家吧！嘲諷式的幽默，反而更能一針見血，讓小人深省。

勇敢面對問題才是明智之舉

面對令人難堪的問題時，不要一味想著如何逃避，
而要認真思考解決的方法，這才是實際又有效的明
智之舉。

蘇格拉底曾說：「當你高興或動怒的時候，儘量緊閉你的嘴
巴，免得讓小人有見縫插針的機會。」

因為，你越能讓小人猜不著你的喜怒哀樂，小人就越會為了
找不到算計你的縫隙，而大傷腦筋。

一九六〇年秋天，蘇聯總書記赫魯雪夫乘著「波羅的海號」
軍艦，前往紐約出席聯合國大會。

抵達紐約後，船上有個水兵竟趁機逃跑了，不過赫魯雪夫並
不知道這個消息，直到開記者招待會，幾個美國記者用刁難和挑
釁的語氣詢問時，才知道有這麼一件丟臉的事。

赫魯雪夫對此事並不清楚，自然可以避而不談，或以「無可
奉告」回應，或推說是記者們編造的謊言。

但是，赫魯雪夫沒有這麼做，反而用詢問的方式，問在場的
媒體記者說：「真有這回事嗎？」

確認之後，只見他搖了搖頭，惋惜地說：「這個年輕人怎麼

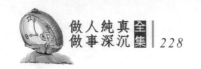
不開口請求幫助？或者來徵求我的意見呢？本來我可以幫助他，至少可以給他一些的錢，可是，現在他卻在你們這兒失蹤了，眞是可惜……」

赫魯雪夫滿臉眞誠的模樣，以及認眞回應的態度，反而讓記者們無話可說，這件事也就這麼結束了，沒有被記者們當作話題加以鼓噪。

做人做事多一點心眼，才會多一點勝算。一般人之所以失敗，多半是由於做人太過單純，思想太過僵化，不懂得權謀變通。

面對美國記者的挑釁，赫魯雪夫稍有不愼就會被攻擊得體無完膚。他很有技巧地換了一種方式回應，不僅展現了自己的元首氣度，更乾淨俐落地堵住了任何想藉此大做文章的媒體記者的嘴。

面對令人難堪的問題時，不要一味想著如何逃避，而要認眞思考解決的方法，這才是實際又有效的明智之舉。

否則在人們猜疑和好奇心的驅使下，反而容易把問題的焦點模糊，甚至被有心人刻意栽贓或製造事端，使自己在尙未得到公平審判前，便被宣佈死刑了。

不要讓對方有推諉的機會

導引對方將心比心，如此一來，便能技巧地讓對方
無從推諉，也就輕鬆地將問題解決了。

英國作家湯馬斯·富勒曾經寫道：「對別人始終處於信任狀
態的人，是小人最喜歡算計的對象。」

因此，在這個小人無孔不入的年代，如果你不想被小人暗算，
就千萬別濫用自己的信任，如此，才能不讓小人有機可乘。

日本有一家中小企業的總經理要求某家客戶準時付清帳款時，
對方卻推說資金吃緊，希望能延期付款。

這對總經理來說，這實在是一件頭疼的問題，因為這次若拿
不到貨款，公司將無法付出員工們的薪資，所以非得拒絕他的請
求才行。

這位總經理想了想，向對方說：「我知道，貴公司多年來一
直都經營有方，這次會遇上資金吃緊，相信是銀行的問題吧！說
真的，最近的銀行似乎一點也不願意支援企業。」

他這麼一說，似乎正中對方的下懷，這位客戶開始大發怨氣，
怒斥銀行，於是這個精明的總經理也附和著對方的口氣，跟著也

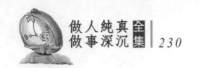

痛罵了銀行一番。

就這樣，兩個人把銀行視為共同敵人，互吐積憤。

最後，這位總經理拍了拍客戶的肩膀說：「誠如你所言，現在的銀行實在太不像話了，因此，到了付款的日期，仍然要拜託你了。」

這時，客戶仍處在與總經理同仇敵愾的氣氛裡，沒想到對方忽然冒出這麼一句請託，一時間不知道要如何回應，只好點頭答應了。

蒙田曾經寫道：「我說真話，不是看我願說多少，而是看我能說多少。」

面對難纏的小人，為了不讓自己吃虧，並非所有的真話都可以在任何時候脫口而出的，一個真正的說話高手，並不是口若懸河、口才便給的善辯者，而是最能摸清對方心理的的人。

這位總經理與客戶一起抱怨銀行，巧妙地拉近了他與客戶間同仇敵愾的同理心，有了共同的敵人，於是也建立起彼此要相互奧援、扶持的心理。

他從批判共同敵人的議論中找出共識，並且讓對方明白自己的困境，然後悄悄地把話題繞回到雙方的帳款上，導引對方將心比心，不要造成惡性循環。

如此一來，便能技巧性地讓對方無從推諉，也就輕鬆地將問題解決了。

別當殺雞取卵的傻瓜

千萬別做出殺雞取卵的傻事，因為，你把別人當成傻瓜，別人也會把你當成傻瓜，到時候傷透腦筋的人，就是你自己。

建立蘇維埃政權的列寧曾說：「為了能夠分析和考察各種狀況，應該在肩膀上長著自己的腦袋。」

當你面臨選擇的時候，應該要有屬於自己的獨立思考方式，方能做出最有利於自己的判斷和抉擇。

有一個少年經常被他的朋友們譏笑、戲弄。

因為，這些人常拿一枚五分鎳幣和一枚一角銀幣，讓他從中挑選一個，而他總是拿那個面值最小的五分鎳幣，所以大家總是喜歡拿這件事來戲弄他。

後來，有個同情他的小朋友，悄悄指點他說：「我告訴你，那個一角銀幣雖然看起來比較小，但是卻比那個五分鎳幣價值高，你可以買更多的東西呢！所以，以後他們再讓你選的時候，記得要拿那個銀幣啊！」

「可是，如果我拿了那枚銀幣的話，他們以後就不會再給我錢了。」這個看似愚笨的少年回答。

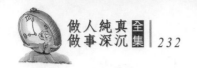

原來，這個少年一點也不笨，他可是比誰都還精明呢！

他之所以要拿鎳幣，是因為他想讓這個遊戲繼續玩下去。他當然知道銀幣的價值，但是一旦拿了銀幣，這個遊戲肯定就會結束了，所以故意選取鎳幣，才是長遠之計，畢竟小錢累積起來也是很可觀的。

故事裡的小人物，其實正是大智若愚的表現。這個聰明的少年，不以眼前的小利為滿足，而是以長遠的利益著眼，雖然被人譏笑，受人戲弄，但是他都不以為意，反而迎人所好，儘管輸了面子，卻贏了銀子。

對各行各業的企業經營者來說，相信從這則小故事裡也能得到啟發，只要捨得放棄眼前利益，努力經營、累積實力，就算目前只是小本經營，將來也能有成為大企業的一天。

千萬別做出殺雞取卵的傻事，因為，你把別人當成傻瓜，別人也會把你當成傻瓜，到時候傷透腦筋的人，就是你自己。

你也可以光明正大說謊話

「弄假成真」的手段並不高明，也不夠高尚，但是，這在爾虞我詐的社會中，在政治的競技場上，能夠正大光明的又有幾個？

莎士比亞在《哈姆雷特》裡說：「人往往用至誠的外表和虔誠的行動，掩飾一顆魔鬼般的內心。」

如果你恨透了週遭那些道貌岸然的偽君子，有時不妨學學下面故事中的評論家，光明正大說個「八卦新聞」，讓他們為了澄清而疲於奔命。

日本曾經發生一件相當轟動、「弄假成真」的政治事件。

在一場宴會中，有位政治評論家突然站起來說：「我現在要說的事，並沒有事實根據……」

接著，他爆料說出了一件足以令某位政治家結束政治生涯的訊息。

雖然這位評論家已申明，這件事並沒有事實根據，但是這個消息卻讓在座的所有人都認為，這件事一定是真的。

不久，媒體大肆報導了這則消息，那位政治家看了報導之後，便氣沖沖地立刻趕去興師問罪。

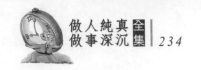

評論家在道歉後，無奈地說：「我曾經事先聲明，這件事並沒有確實的根據，這點當天在場人士都可以作證。」

這位政治家聽了這番說詞，儘管對他恨得牙癢癢的，卻也無可奈何，只好悻悻然地離開了。

馬克吐溫曾這麼說：「你必須找到事實，接著你怎麼扭曲它都行。」

在這個巧詐勝於雄辯的社會上，有些人為了達到目的，往往會在看似真實的基礎下，發出虛假的言論，讓人防不勝防。

這個評論家利用群眾習於偷窺、猜疑的好奇心理，雖然事先已經表明他所說的「小道消息」沒有事實根據了，但是，以他的身份地位，加上這種「此地無銀三百兩」的說話方式，反而更讓人信以為真。

所以，這位政治家在這場「弄假成真」的遊戲裡，政治生涯自然受到了影響，也造成一定程度的傷害。

雖然這種惡意中傷的手段並不高明，也不夠高尚，但是，這在爾虞我詐的社會中，在權謀機詐處處可見的政治競技場上，能夠正大光明的又有幾個？

如何讓難纏的人心軟？

 無私的愛心之所以能打動人，是因為其中包函真心
和誠心，不管是多麼鐵石心腸的人，遇上了這麼一
個溫柔的愛心，想不心軟也難！

　　日本當代作家池田大作在《青春寄語》一書中說：「即使開
始懷有敵意的人，只要抱著真實和誠意去接觸，就一定能換來好
意。」

　　確實如此，天底下沒有融化不了的寒冰，只有不懂得如何用
真心去融化，卻一味想投機取巧的人。

　　想在人性叢林獲得成功，不光有能力、肯努力就能達到，必
須明確洞悉自己遭遇的對手，也明瞭自己面臨什麼狀況，並且用
最正確的方法面對。

　　二次世界大戰之後，日本有一位叫市村的地產商人，在銀座
看中了一塊土地，想要買下來改建成商業大樓，但是，這塊土地
的所有人，卻是一位非常頑固的老太太。

　　爲了購買這塊土地，市村來來回回地走了好幾百趟，但都無
法成功地說服老太太。因爲，老太太說那是祖上留下來的產業，
絕對不能出售。

　　但是，市村一點也不死心，只要一有空閒，幾乎天天都會前去找這個老太太溝通。有一次，在一個下著大風雪的日子裡，市村再度前去拜訪老太太，請求她出讓這塊土地，但仍然被老太太拒絕。

　　誰知，第二天，老太太卻意外地出現在市村的事務所，而且表情十分愉悅。

　　市村高興地請她入座，老太太說：「市村先生，今天我原本是來做最後一次拒絕的，不過，剛剛發生了一件事情，使我臨時改變了主意。」

　　市村一聽，完全摸不著頭緒，正想開口問時，老太太接著說：「市村先生，那塊土地我願意讓給你。」

　　「啊？」市村聽了，驚訝得說不出話來。

　　原來，這個難纏的老太太轉了好幾次車，才找到市村的事務所，途中她曾經向許多人問路，但大數人都對她愛理不理。當老太太身心都感到十分疲憊的時候，終於找到了市村的事務所，她一推開事務所大門，便聽到一位女職員很溫柔地說：「請進。」

　　而且，這個女孩不但沒嫌她髒，還脫下自己腳上的拖鞋，請老太太穿上，並親切地扶她上樓。

　　因爲這名女職員親切的態度，像是孝順的女兒對待母親一樣，使得老太太深受感動。

　　戰後的日本，人心冷漠，大家只顧著自掃門前雪，有愛心、能體貼別人的人已經很難得見到了。如今，卻在市區的一個小角落裡，遇到這麼好心的女孩，當然讓老太太大爲感動了！

　　一個市村多次奔走、懇求都無法解決的難題，只因爲一份小小的愛心，竟然令頑石立刻點頭了。

誠摯待人，就不爲因爲人際難題而傷腦筋，也不會因爲小人就在自己身邊而終日提心吊膽。

　　無私的愛心之所以能打動人，是因爲其中包函了眞心和誠心，不管是多麼鐵石心腸的人，遇上了這麼一個溫柔的愛心，想不心軟也難！

　　在邁向現代化的過程中，高樓大廈阻礙了人與人之間的溝通，在爾虞我詐的市場爭奪中，權謀機詐更拉開了彼此的距離，習慣了冷漠環境的我們，對於任何人也都多了道心防。

　　沒有人是喜歡冷淡的，如果你希望看見善意的微笑，那麼請從自己做起吧！不管對方多麼難纏，很快地，你就會贏得一個溫暖的微笑。

你怎麼待人，別人也會那麼待你

隨時心存善念，以誠待人，那麼我們自然會有許多
意想不到的驚喜，特別是在你需要幫忙的時候。

成功學大師戴爾‧卡內基在《人性的弱點》裡說：「與人交往，待人以至誠，才能換取真摯的友誼。」

以誠待人，是人與人之間交往的根本，唯有如此，在關鍵時刻才能獲得真摯的幫助，讓自己避開險境。

年輕的鋼鐵大王安德魯‧卡內基剛進入公司時，就深得上司史考特的信任，史考特升任總公司的總務主管後，卡內基也跟著史考特被調派到總公司工作。

但是到了總公司，被安排在史考特底下的員工，卻一點也不願意配合，甚至有人還暗中策劃，準備罷工。

剛到總公司的史考特與卡內基，根本還沒進入狀況，就陷入了孤立無援的情況中，眼看著工廠的氣氛越來越緊張，似乎員工們的罷工行動也正一觸即發。

有一天晚上，卡內基獨自在黑暗中走回宿舍，忽然有個人走近他身邊，低著聲音說：「小聲一點，不要讓別人看見我和你走

在一起。你可能不記得我了，我曾經請你幫忙找一份打鐵的工作，當時，你特別爲我放下手上的工作，百忙中還幫我找到總公司的這份工作，現在你碰到了麻煩，就讓我來幫忙你吧！」

接著，這個人便拿出了計劃罷工的工人名單給卡內基。

隔天，卡內基把此事告知史考特，史考特便立即採取對策。他以通知那些人去領薪水爲名目，讓工人們知道，他們的罷工秘密洩漏了，於是，他們個個都縮回脖子，不再提罷工的事情。

經過這件事，使卡內基深深感覺到，人與人之間的體貼和幫助是多麼可貴，才能在緊要關頭時受到這麼大的幫助。

人與人交往的時候，應當學會適時放寬自己的心境，多爲自己和別人預留一些轉圜空間，凡事抱最好的期望，做最壞的打算，如此，才不會使自己的人生之路腹背受敵，寸步難行。

這則小故事，不是要我們在付出時有所期待，或滿腦子只想著別人的回報，而是要告訴我們，隨時廣結善緣，以誠待人，那麼我們自然會有許多意想不到的驚喜，特別是在你需要幫忙的時候。

不過，也別過度期望別人的回饋，只要記住，你怎麼待人，人們自然也會怎麼待你，那才是正確的與人相處之道！

相信專家，小心變成輸家

別再盲目地聽信「專家」的意見了，否則你很容易
變成輸家。唯有經過思考和判斷，才能真正的付出
行動。

在這個迷信專家的年代，熟諳人性弱點的小人，往往會處心
積慮地塑造自己，以「專家」形象出現在公眾面前，讓無法分辨
真偽的人吃虧上當。

其實，即使最傑出的天才人物，在某些領域中仍舊是寸步難
行、愚昧無知的，因此，不要盲目迷信專家的說法。一個人如果
不曾仔細觀察，就不會有深刻的理解，自然也就不會有正確的行
動。

美國有位心理學家曾經做過一個實驗。開課前，他介紹一位
化學家，說是要來和同學們一起研究一個新實驗，他說：「這位
就是世界知名的化學家史密特先生，你們今天要配合他做一個試
驗。」

於是，這位史密特先生用德語向學生講解，而由那位教師當
翻譯。

史密特說，他正在研究某種新發現物質的性能，因為這種物

質擴散得非常快，人們才聞到它的氣味，就立刻消散了，氣味並不持久。但是，一些較過敏的人，在聞到這種氣味後會有輕微的反應，諸如頭暈、噁心……等情況，不過這些症狀很快就會消失，並不會有任何副作用。

史密特說完後，便從皮包裡拿出一個密封的玻璃試管，他說：「現在，只要一打開試管，這種物質便會立即散發出來，你們很快就會聞到氣味了，一聞到氣味的人，請立即舉起手來。」

只見他打開了試管，不一會兒工夫，從第一排到最後一排的學生全都舉起手來，甚至還有人說有自己頭暈的現象。

當實驗結束後，沒想到老師卻對學生們說，所謂具有強烈刺激氣味的物質，其實只不過是普通的蒸餾水而已，至於那位「史密特」先生，也只是該校的一位德語教師，根本不是什麼世界著名的化學家。

從這個實驗中，我們可以獲得一個訊息，那就是人們太過迷信專家了。一遇到專家，就習慣以他們的說詞作為依據，造成行為上的盲從，讓自己失去客觀的判斷能力，因此才會被週遭的小人騙得團團轉。

你是不是也習慣當個應聲蟲呢？或是只會人云亦云，一點自主思考和判斷的能力都沒有？

別再盲目地聽信「專家」的意見了，否則你很容易變成輸家。

就算頭銜再多，名聲再響亮，貨真價實的專家也會有出錯的時候，更何況是那些冒牌的專家呢？唯有經過思考和判斷，才能真正的付出行動。

用另類的方式
改變對方的態度

溝通，並不是一味強迫對方接受自己的想法，

也不是一味屈躬卑膝試圖改變對方自以為是的態度，

而是以恰當的方式找出彼此的折衷點。

用另類的方式改變對方的態度

溝通，並不是一味強迫對方接受自己想法，也不是一味屈躬卑膝試圖改變對方自以為是的態度，而是以恰當的方式找出彼此的折衷點。

面對那些自以為是、自恃甚高的人，有時一味表現出謙遜的態度，只會使自己一再受到羞辱。

當你忍無可忍的時候，不妨和對方進行一場「另類的溝通方式」，如此才能改變對方的態度。

羅斯福在四十二歲時就當上了總統，而且是美國歷史上最年輕的總統。

由於他是第三十二任總統富蘭克林‧羅斯福的堂叔，所以人們通常尊稱他為「老羅斯福總統」。

老羅斯福在他二十三歲時，就意氣風發地當上了紐約州議會的議員，當時有許多人都鄙夷地認為他是個不學無術的貴公子，只不過是靠著身家背景才冒出頭。某天傍晚，他散步來到一家酒吧，正準備喝杯啤酒時，正巧看見一個名叫約翰‧科斯特洛的資深議員，正和他的兩個老朋友喝酒。

當科斯特洛看見老羅斯福走進酒吧，便譏笑他說：「喂！乳

臭未乾的小鬼，你沒得感冒吧？」

　　但是，羅斯福並不理會他的嘲弄，於是科斯特洛繼續高聲叫道：「你這個該死的貴公子！」

　　羅斯福聽到這句話後，便把眼鏡拿了下來，慢慢地走到科斯特格的面前，二話不說，一拳就把科斯特洛打倒在地，就在眾人訝異之際，羅斯福接著又是一拳，把科斯特洛的朋友也打倒在地。

　　另一個人看到這個情況後，只好馬上拔腿就逃。這時，羅斯福轉身對站起身子的科斯特洛說：「你去洗把臉吧！洗完後再和我一起喝酒。」

　　科斯特洛只好乖乖地照辦，羅斯福在離開前對他說了一句話：「聽好，你在有身份的人面前，也要表現得像個有身份的人！」

　　所謂的溝通，並不是一味強迫對方接受自己的想法，也不是一味屈躬卑膝試圖改變對方自以為是的態度，而是以恰當的方式找出彼此的折衷點，如此才不會被人看扁了。

　　也許羅斯福動手打人，不免讓人覺得沒有風度，也讓人感到吃驚，但是，之後的說理，卻表現出他思考的條理和有勇有謀的智慧。因為，他打人並不是一時年少氣盛的反撲，而是一種為自己爭取尊重的溝通方式。

　　在這個欺善怕惡的社會中，往往這樣迅速果斷的行動表現，才能為自己爭取到應有的肯定與尊重。

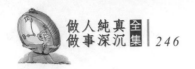

沉住脾氣，才能輕鬆解決問題

沉住脾氣，把問題反覆思考後，再一針見血地指出來，有建設性的提出意見，你才能真正的把問題輕鬆解決。

「裝腔作勢」並非是投機取的小人才會耍的心機，有時候你我耳熟能詳的成功人士，也都曾經在關鍵時刻做出這種舉動。

「裝腔作勢」並不一定是件壞事，有時候它只是一種情緒的偽裝，幫助自己沉住脾氣，冷靜解決問題。

伊利諾州參議員梅迪爾‧麥考密克的夫人相當活躍、難纏，經常代夫出征，四處進行遊說。她曾經動員芝加哥的波蘭人，到總統府去訪問，目的是讓聯邦政府對一名波蘭裔的芝加哥人，能獲得公正的司法判決。

當團員被帶進總統辦公室時，柯立芝總統仍十分嚴肅地坐在椅子上，很專注地看著一條地毯。

過了很久，柯立芝總統才抬起頭說：「這地毯真不錯！」

這群來造訪的人都禁不住笑了，他們帶著驚奇，附和地點點頭，這時，柯立芝總統又說：「這是一條新的地毯，花了不少錢呢！」

　　這時的辦公室，沉重的氣氛已經解除了，於是，柯立芝總統說道：「這條新的比那條舊的耐用，你們放心好了，我會幫你們找個好法官的。」

　　原本一場充滿火藥味的拜會行程，就在輕鬆的氣氛中結束了。

　　總統接待施壓團體，原來是件很嚴肅的政治活動，沒有處理好，肯定會形成僵局。

　　但柯立芝總統卻能把氣氛變得十分輕鬆自然，使嚴肅的代表團員反而放鬆了心情，在這樣的氣氛下慢慢地引入正題，並把意見說了出來，問題也在輕鬆的氣氛中解決了。

　　身為一個政治人物，任何的動作或發言，都有著一定的影響力，柯立芝總統引入正題的方法，其實並沒有什麼技巧，只是，他比別人更加細心地緩和彼此的情緒而已。不願造成爭論，也不願看見群眾的情緒激動，所以在他生活化的開場白中，同時也正在思考如何給施壓團體一個滿意的答覆。

　　這也正是許多人無法解決事情的關鍵！一有事情發生，多數人只知急躁地辯駁或爭論，而不會先靜下思考解決之道。

　　其實，冷靜地想一想，我們是不是常常只顧著抱怨，而忘了徹底的反省呢？結果事情又處理得如何呢？

　　想解決問題，先學一學柯立芝總統的智慧吧！沉住脾氣，把問題反覆思考後，再一針見血地指出來，有建設性的提出意見，你才能真正的把問題輕鬆解決。

廣交朋友不如減少敵人

 如果你交了許多朋友，同時也製造了許多敵人，那麼建議你，把交朋友的心思，分一些在如何避免與人為敵的思考上吧！

中國有句諺語說：「路不要走絕，話不要說死。」

的確，在社會上行走，多給自己留轉寰的空間，千萬動輒樹立敵人。萬一遇到一時難以解決的問題或是糾紛，不妨平心靜氣地化解。

只有建立和諧的人際關係，才能厚植自己的實力。

一七五四年，喬治‧華盛頓上校率領著部屬駐防在亞歷山大市。

此時，正值維吉尼亞州進行議員選舉，華盛頓也投入選舉活動，支持某位候選人。但是，當地有個名叫威廉‧培恩的意見領袖，卻非常不以為然，極力反對華盛頓支持這位候選人。

有一次，華盛頓就選舉問題，與培恩展開了一場激烈的爭論，激辯中竟出現了一些極不入耳的髒話，培恩聽了火冒三丈，一拳揮過去便把華盛頓給擊倒在地。

正當聞訊趕來的士兵，氣憤地要為長官報仇時，華盛頓卻阻

止他們，並命令他們安靜地回營地去。

翌日，華盛頓託人帶口信給培恩，邀請他到當地的一家酒店會面。

培恩緊張地來到酒店，猜想這個約會不懷好意，恐怕會是一場惡鬥。但出乎意料之外的，迎接他的卻是一雙友善的手。

一進門，華盛頓就立刻站起來，笑容可掬地張開雙手歡迎他，並誠摯地說：「培恩先生，每個人都免不了犯錯，肯誠心認錯的人，才是真正的英雄。昨天確實是我不對，你也已經採取行動挽回面子，如果你覺得那樣已經足夠了，現在請握住我的手，讓我們來做個朋友吧！」

這場風波就這樣平息了，而華盛頓從此也多了一個擁護者，那個人就是威廉‧培恩。

「多交一個朋友，不如少一個敵人」，一定有人覺得這句話很矛盾，但是，這卻是為人處世的精闢之言。

如果你交了許多朋友，同時也製造了許多敵人，那麼建議你，把交朋友的心思，分一些在如何避免與人為敵的思考上吧！

只要少了個敵人，就等於多一個朋友，畢竟，想化解彼此之間的仇恨，需要足夠的耐心和誠意。

一如華盛頓的處理方法，如果你以為他只是多了一個擁護者，那你就錯了，因為他所贏得的榮耀與崇拜，絕對在你我想像之外。

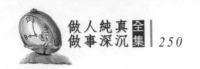
誇大其詞可以使小人原形畢露

只要你肯花心思,活用一些技巧,就不會因為受制
於這些小人而大傷腦筋。

法國文豪雨果在他的著作《鐵面人》中,曾經這麼譏諷地寫
道:「天底下最可憐的笨蛋,是那些從來不懷疑別人可能言行不
一,而對別人所說的話一味地信以為真的人。」

實話實說當然是一種美德,但是,當你急於摸清一個人的真
實樣貌,或是一件事情的真相,單刀直入不一定有效。

這時,你就必須懂得「誇大其詞」。

法國的寓言故事作家兼詩人拉封丹,非常喜歡吃馬鈴薯。

有一天,僕人為他端來了一個剛出爐的馬鈴薯,拉封丹卻嫌
馬鈴薯太燙,於是把它先放在飯廳的壁爐上待涼,便起身去辦別
的事情了。

可是,等拉封丹回來時,馬鈴薯卻不見了,他想起僕人好像
曾經去過飯廳,便猜想,一定是僕人把它給吃了。

於是,他大聲地呼喊道:「喔!我的天!是誰吃了我的馬鈴
薯?」

「不是我。」那個僕人回答說。

「那我就放心了。」拉封丹裝出一副放心的模樣，鬆了一口氣。

「爲什麼這麼說？」僕人不解地問。

「因爲，我剛在馬鈴薯上加了毒藥啊！」

「不是眞的吧？我的天！你在上頭加了毒藥⋯⋯那我不就中毒了！」僕人聽到後十分地驚慌。

拉封丹知道偷吃的人是誰了之後，便笑著說：「放心吧！我騙你的啦！不這麼講，我怎麼有辦法知道事情的眞相呢？」

人爲了掩飾自己的錯誤，或是基於保護自己的心理，常常不由自主的編造一些謊言掩飾眞相，這時就得「引蛇出洞」。

想引蛇出洞，有時得「危言聳聽」，攻破人心的弱點，這是寓言詩人拉封丹對付狡詐小人的絕妙技巧。

日常生活也是如此，對於那些貌似忠厚的小人，有時候只要略施小技，也能使他們原形畢露。

甚至一個轉念和方法的改變，都能讓事情的另一個面貌眞實呈現，只要你肯花心思，活用一些技巧，就不會因爲受制於這些小人而大傷腦筋。

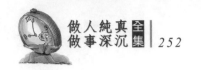
適時退讓可以抑制對方的鋒芒

以自嘲的方式，讓自己從尷尬中站起來，或是以卑微的態度，減少對手的敵意，這些都是「以退為進」最常用的成功方法。

當眾受到別人羞辱是件非常難堪的事，但是，就算你氣得七竅生煙，也不一定能擊退對方。

這時，不妨以不同的方式解決，不用聲調高亢地加以辯駁，也不用尖酸刻薄地反唇相譏，而是適時利用退讓使自己前進，以包容的讚賞讓對手失去鋒芒，使對方不戰而敗，知難而退。

大文豪蕭伯納的新作《武裝與人》，首次公演便獲得了熱烈的回響。

當觀眾在劇終要求蕭伯納上台，接受大家的祝賀時，卻突然聽見一個人對著他大喊：「蕭伯納，你的劇本糟透了，誰要看？回去吧！停演吧！」

所有觀眾都大吃一驚，許多人猜想，蕭伯納這時肯定會氣得渾身發抖，或許也會有所反駁。

但是，蕭伯納非但沒有生氣，還笑容滿面地朝向那個人，深深地一鞠躬，非常有禮貌地說：「我的朋友，你說得很好，我完

全同意你的意見。但遺憾的是，我們只有兩個人，實在很難抵抗這麼多的觀眾吧？就算我和你意見相同，也無法禁止這場表演，不是嗎？」

蕭伯納說完這幾句話後，立即引來了全場如雷的掌聲；至於那位故意挑釁的傢伙，就在觀眾的掌聲中，偷偷地溜走了。

失意與挫折是每個人都沒有辦法逃避的人生考驗，如何用幽默樂觀的心態面對，無疑是相當重要的。

當現實環境不如預期，不妨發揮幽默感，許多苦惱都會雲淡風輕。

以退為進，是待人處事的高超技巧。

有時候，我們會看見別人以自嘲的方式，讓自己從尷尬中站起來，或是反其道而行，以卑微的態度，減少對手的敵意，並讓自己有機會再次伸展，這些都是「以退為進」最常用的成功方法。

「以退為進」的道理很簡單，方法也很容易，只要你肯適退讓一步，你就能換得前進一步的機會。

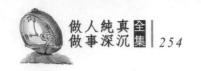
情緒會洩露一個人的底細

 在這個偽詐多變的社會中，你不僅要學會控制自己
的情緒，也要看得懂別人的情緒和脾氣。

　　有的人喜歡妝點自己，平日一副道貌岸然的模樣，說起話來
頭頭是道，儼然是博學多聞的紳士。

　　但是，這樣戴著假面具的人只要一被激怒，就會自動現形，
讓別人看清他們原來的德性。

　　日本某家電視台，找了一百位議員來上節目，節目中由主持
人發問，然後再聽取這些議員的意見。

　　由於節目是現場直播，而且每位議員都被分隔開來，因此並
不會看到彼此回答的情況。不久，主持人開始提出詢問，每一個
問題都非常嚴苛，並且直涉核心。剛開始時，這些議員們都回應
得不錯，但是，在主持人猛烈且毫不客氣的質問下，慢慢地有些
人開始回答得亂七八糟。

　　這讓許多人甚至是主持人，都對他們產生了藐視的心態。接
著，主持更提出了一個敏感的問題，這時有個議員發怒了，生氣
地對主持人說：「別開玩笑了，我不會再回答你的任何問題。」

　　說完後，這個議員便氣憤地離開了，不過攝影機仍一路跟拍，還將他離開會場的情況也拍攝下來。

　　其實，這個節目早已設計好了陷阱，目的就是要讓對方陷入圈套。

　　因為，議員們平時在議會或記者會上，只會說些冠冕堂皇而公式化的見解，很難聽到他們的真心話，所以，為了讓議員們能說出心裡真正想說的話，節目的製作團隊想出了許多點子和問題，更企圖以刻薄的問題，來引爆他們的脾氣。

　　而這個方法也真的奏效了，這群在議會上對答如流的議員，不只說出了平日所不會回答的問題，也真實地表現出他們的脾氣和做事的態度。

　　法國哲學家尚福爾曾經說過：「在重大事件中，人們所展現的是自己最完美的一面，只有在瑣事中，他們才會暴露出本來的面貌。」

　　修養不夠或是能力不夠的人，其實一探便知。

　　他們只要被別人激怒，就會原形畢露，而且往往不知道如何控制自己的情緒，是非常容易攻破心防的對手。

　　在這個偽詐多變的社會中，你不僅要學會控制自己的情緒，也要看得懂別人的情緒和脾氣；能夠知己知彼，你才不會受制於人，相反的，還能將對手操控於手掌之中。

面對誠實的人，
就用誠實的方法

人與人之間的相處，可以是君子之爭，

不必奉承阿諛，更不必費心猜疑，

才不會有相互拉扯的兩敗俱傷。

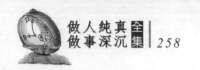
用機智把危機化轉機

碰到事情時，許多人都只會退縮或哭泣，只是再多的
眼淚也沖不走麻煩，何不在遇上的當下，立刻沉著應
變，將事情解決呢？

　　莎士比亞曾經如此說道：「才華智慧如不用於有用的地方，
便和庸碌平凡毫無差別。造物者是個精於計算的女神，她把給予
世人的每一份才智，都要受賜的人感恩，善加利用。」

　　無論多麼不願意，生活處處都有小人和壞人，都會有我們意
想不到的危機，以及麻煩的事情發生。

　　面對這種情況，唯有隨機應變，不管遇到任何突發狀況時都
能臨危不亂，你才能化險爲夷，讓每一個危機都能轉化成轉機。

　　有一天深夜，卓別林帶了一大筆現金，正開著車要趕回鄉村
別墅的途中，沒想到竟然遇到了一個強盜。

　　他持著手槍，要求卓別林把錢全部交出來，卓別林這時一邊
準備遞錢，一邊說道：「朋友，請你幫個忙吧，把我的帽子打穿
幾個洞，這樣我回去之後才能向主人交代呀！」

　　這強盜便朝卓別林的帽子打了幾槍，卓別林又對他說：「還
有我的衣襟上，也來幾槍吧！」

強盜拉起卓別林的衣襟，再開了幾槍。

最後，卓別林又央求強盜說：「如果你能在我的褲子上也打幾槍，那就更逼眞了。」

強盜不耐煩了，嘴裡生氣地咒罵了起來，但還是把槍對準了卓別林的褲子，可是，他扣了好幾次扳機，卻連一發子彈都射不出來。

這時，卓別林知道槍裡已經沒有子彈了，於是立刻把錢包搶了過來，跳上車趕快逃跑，而這個笨強盜這才知道自己上當了。

強盜的目的只是爲了錢，而卓別林之所以乖乖把錢交給強盜，則是害怕強盜會開槍射殺他。

但是，聰明的卓別林隨即想到，如果能把強盜手槍裡的子彈全耗盡的話，他就不用再擔心了，因而想出了這招誘導強盜用光子彈的妙計，安全逃脫。

機智，是這篇小故事所要表現的重點，碰到事情時，許多人都只會退縮或哭泣，只是再多的眼淚也沖不走麻煩，退了再多步，最後你仍得前進面對，所以，何不在遇上的當下，立刻沉著應變，將事情解決呢？

多花點心思，往往會讓自己找到更寬闊的出路。要是只會死守教條，腦袋不懂得轉彎，永遠只會讓別人騎在自己頭上。

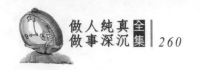

面對誠實的人，就用誠實的方法

 人與人之間的相處，可以是君子之爭，不必奉承阿諛，更不必費心猜疑，才不會有相互拉扯的兩敗俱傷。

　　人與人之間的應對模式，經常必須因人而異，面對誠實的人就用誠實的方法，面對狡詐的人就用迂迴側擊的方法。

　　千萬不要用錯方式，否則就很難達到功效。

　　美國南北戰爭打得如火如荼期間，有一天，一位女孩來到總部找林肯總統，想要求他開具一張去南方的通行證，林肯不解地問她：「現在南北方正在打仗，妳這時去南方做什麼呢？」

　　這女孩回答說：「回去探親。」

　　林肯一聽高興地說：「那妳一定是支持北派囉！請勸勸妳的親友們，希望他們能放下武器，歸降聯邦政府。」

　　誰知道情況與林肯想像的完全不同。「不！我是個支持南方的，而我要回去鼓勵他們堅持到底，絕不後退。」女孩很坦率地回答。

　　林肯聽了很不高興，反問她：「那麼妳來找我幹嘛呢？妳真的以為我會給妳開通行證嗎？」

　　女孩沉著地說：「總統先生，在學校讀書時，老師都會跟我們說林肯的誠實故事。從那時候開始，我便下決心要學習林肯，永遠做一個誠實的人，一輩子都不說謊。因此，我不打算為了一張通行證，而改變自己要誠實的習慣。」

　　女孩的話感動了林肯：「好，我就給妳一張通行證。」

　　說完，林肯在一張卡片上寫了這樣一行字：「請讓這女孩通行，因為她是一位信得過的人。」

　　對付小人，必須用小人的方法；對付君子，當然得用君子的方式。

　　在人生的旅程中，如果不懂得做人做事的方法，就如同欠缺智慧的傻瓜，做出搞錯對象、使錯方法的傻事也就不足為奇了。

　　故事中，我們讀到了小女孩的勇氣和誠實，更看見林肯的氣度與包容，兩個人都是能人所不能，也都有所為而為。

　　女孩有求於人，卻不願違背自己的意志，寧可誠實說出自己的目的，這是因為她明白林肯的為人，所以能對症下藥，一方見效。

　　人與人之間的相處應當如此，可以是君子之爭，不必奉承阿諛，更不必費心猜疑，才不會有相互拉扯的兩敗俱傷。

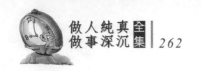

別把時間浪費在抱怨上

 遇到任何困境或難題時,不要只會抱怨、跳腳,別把時間浪費在哭泣上,快擦乾眼淚吧!

世間的小人無所不在,只不過有的小人是顯性的,有的小人是隱性的。

一般而言,隱性的小人遠比顯性的小人更難提防。這是因為,遭遇顯性的小人,我們會事事謹慎小心,深怕自己被坑被騙,但是,隱性的小人卻常常犯下「無心之過」,讓我們疏於提防之餘欲哭無淚。

不過,既然悲慘的事情都已經發生了,抱怨或哭泣都無濟於事,只要馬上採取補救行動就能扭轉局面。

托馬斯‧卡萊爾是十九世紀英國的著名作家,以《法國大革命史》和《英雄、英雄崇拜及歷史上的英雄人物》兩本著作聞名於世。

《法國大革命史》第一卷即將付印之前,托馬斯‧卡萊爾答應經濟學家彌爾的要求,將原稿先借給他看一看。誰知,彌爾閱讀完之後,未經同意又把稿子借給泰拉夫人閱讀。

　　不幸的是，泰拉夫人翻閱之後卻沒有把稿子放好，隨意放在房間的一角，臨時有事便出門去了。

　　這時，正巧有一位女僕進來打掃房間，竟把它當成了廢紙，信手扔進了暖爐裡生火，珍貴的書稿一下子便化成了灰燼。

　　這該怎麼辦呢？

　　托馬斯並沒有留下副本，彌爾和泰拉夫人急得不知所措，討論過後，他們只好把情況一五一十地告訴托馬斯・卡萊爾，並且請求原諒。

　　卡萊爾聽到這個消息後，腦袋「嗡」的一聲，半天都說不出話來，可是，面對這個無法挽回的損失，他卻沒有任何怨言，反而在心裡安慰自己：「可憐的托馬斯，你必須面對這個意外的事實。」

　　為了紓解內心的焦急和苦惱，卡萊爾努力地克制自己，先是靜靜地坐下來閱讀小說，並且連續讀了好幾個星期。

　　面對這樣的晴天霹靂，他承受了一切，而且毅然地決心重新開始。

　　他開始將所有的記憶、思想和收集的史料……等等，重新思考並回憶一遍，然後從頭寫起。不管有多困難，也不管有多麼辛苦，最終他仍然戰勝了一切，完成這部歷史的世界巨著。

　　義大利作家普拉托里尼曾經提醒我們：「紡錘也會不準，甚至鏡子裡出現的形象也和實體不一致，教皇也會有說錯話的時候。」

　　既然如此，小人「不小心」犯下讓我們傷心欲絕的錯誤，也

是可以理解的事，要怪只能怪自己不長眼睛，太容易信任別人。

單憑身分、地位或外貌面就輕信別人是人性的弱點之一，如果不設法加以克服，結果往往就像卡萊爾的遭遇，甚至蒙受更大的損失。

不過，卡萊爾的遭遇也給了我們正面的惕勵，那就是：「不要太傷心，只要再接再厲，事情永遠都會有補救的機會。」

別為無法挽回的事情懊惱，你願意能給自己多少浴火重生的機會，你就會有多少成功的機會！

遇到任何困境或難題時，不要只會抱怨、跳腳，既然都知道機會不多了，就別把時間浪費在哭泣上，快擦乾眼淚吧！抓住第一時間進行挽救，到最後，成功仍然會是屬於你的。

創造屬於自己的時機

愚蠢的人只會等待，等待一個永遠只會擦身而過的機會；但你是個聰明人，不僅要懂得把握時機，更要懂得如何創造時機。

在培根的《人生論》中，有這麼一段：「機會老人會先給你一撮他的頭髮，如果你沒能抓住，再抓到時就只能碰到他的禿頭。或許他給的是個瓶頸，但也一定會是個可以讓你抓住未來的瓶頸，要是你沒有及時抓牢，再碰到的就會是抓不住的圓瓶肚了。」

你是不是常從機會的瓶肚上滑了手，別忘了，你就是自己的命運設計師，希望人生過得精采，期待夢想能夠實現，關鍵就在於你是不是能抓住這些機會。

有一個作家寫過一則關於「機會」的寓言故事，大意是這樣的：

有個人靠在一塊大石頭上，懶洋洋地曬著太陽，這時遠處走來了一個奇怪的東西。它身體散發著五顏六色的光彩，而且是八條腿一齊運動，行動十分敏捷，很快地就走近這個人的身邊。

「喂！你在做什麼？」那怪物問。

「我在這兒等待時機。」懶人回答。

「等待時機？哈哈！時機長什麼模樣，你知道嗎？」怪物問。

「不知道。不過，聽說時機是個很神奇的東西，只要它來到你身邊，那麼你就走運了。或者可以當個官、發了財，甚至娶個漂亮老婆，總之，時機來了會很幸運就對了。」

「可是，你連時機長什麼樣子都不知道，還在等什麼？不如跟著我走吧！讓我帶著你去做些有益於你的事吧！」那怪物說著就過來要拉他走。

「去去去！我才不跟你走！」懶人不耐煩地踢著那怪物，怪物見狀，只好嘆了口氣便離開了。

過了不久，又有一位留著長鬍的老人來到懶漢的面前，問道：「你剛剛有抓住一個怪物嗎？」

「抓住怪物？那是什麼？」懶人問。

「它就是時機呀！」

「天哪！我把它趕走了！」懶人急忙站起身呼喊，希望它能再回頭。

長鬍老人說：「算了，讓我告訴你時機的秘密吧！你專心等它時，它可能遲遲不來，一不留心，它就又來到你面前；如果它從你面前走過時，你沒抓住，那麼它是不會再回頭的！」

「天哪！我這一輩子不就失去時機了嗎？」懶人哭著說。

「那也未必，」長鬍老人說：「我再告訴你另一個時機的秘密，屬於你的時機不止一個。」

「不止一個？」懶人驚奇地問。

「對，就是這樣。這一個失去了，還會有下一個，而且這些時機，大多是人們自己創造的。」

「什麼？時機可以創造？」

「是的，剛才的時機就是我幫你創造的，可惜你把它趕走了。」

「太好了，那麼請您再為我創造一些時機吧！」懶人說。

「不，以後只能靠你自己創造了。」

「可是，我不會創造時機呀。」懶人為難地說。

「我教你，現在，站起來，不要只會等待，大步前進，努力去做就對了，很快地你就能會創造時機了。」

有人說，小人的一個重要特性就是喜歡不勞而獲，因此，有本事的會絞盡腦汁想掠奪別人的成就，沒本事的就像故事中的懶人，成天做美妙的白日夢，希望好心人伸出援手，或是好運有一天會突然降臨。

其實，就像俄國諷刺作家克雷洛夫所說的：「對於命運的變化無常，我們感嘆得太多了，發不了財的，昇不了官的，都要埋怨命運不好。然而，仔細想想吧，過錯還是在你自己。」

的確，只要大步向前，努力去做，任何人都能夠創造屬於自己的時機。

你還在苦苦等待機會降臨嗎？

愚蠢的人只會等待，等待一個永遠只會擦身而過的機會，但你是個聰明人，不僅要懂得把握時機，更要懂得如何創造時機。

機會雖然偶爾會找上門，但是大多時候，得靠你自己要去找。

用心經營自己的人生

生命的價值，是在人與人之間的互動中建立，不管是待人還是對自己，都需要花費心思經營。

英國思想家柯立芝曾說：「人如果不能飛昇成為天使，那麼，毫無疑問的，他將墮落成為魔鬼。」

當不成天使，也不用淪落為魔鬼；可以當好人，又何必當小人？無論眼前的際遇是好是壞，都不要讓自己墮落成讓人厭惡的人。

不要否定自己，也不要總是抱著同情的眼光看待不幸的人，人與人之間因為有互動和激勵，才會有不斷進步的人生。

有個缺了一條腿的乞丐，經常坐在一家銀行的門口乞討，這家的銀行主管經過時都會朝乞丐的杯子裡投一個硬幣，但是，和別人不同的地方是，他一定都會同時拿走乞丐身旁的一支鉛筆。

有一天，他對乞丐說：「你或許會覺得奇怪，為什麼我非得拿你的鉛筆不可？我告訴你吧！因為我是一個商人，既然花了錢，就得拿回一件貨真價實的東西。你要記住，我不是在拖捨你，而是在和你做買賣。」

不久之後，門口那個蜷縮的乞丐不見了，慢慢地銀行家也把他給忘了。

直到有一天，他走進一家大型文具店，赫然看見那個流浪漢，竟衣著光鮮地坐在櫃台後面工作。

「我一直期盼，有一天您能到這兒來光顧！」這位店主相當開心地對銀行家說：「今天，我能夠在這兒工作，都是您的功勞。自從聽您說了交易的道理之後，我告訴自己，再也不要成為依靠別人施捨的乞丐，同時開始做起鉛筆生意，而且越做越有心得。這是您給我的鼓勵，更給了我生存的自尊，徹底地改變了我的人生。」

在這個物慾橫流的社會，許多人只顧著追逐眼前的虛榮，喪失了高貴的情操、崇高的理想和豐富的觀點，變得庸俗、粗鄙、媚俗。

從這個小故事中，我們看見了這位銀行家對別人的尊重，他的小動作看似平淡無奇，但是其中意義卻是非常深刻。

生命的價值，是在人與人之間的互動中建立，不管是待人還是對自己，都需要花費心思經營。

故事中這位銀行家和乞丐之間的互動便是如此，一個給了別人肯定的尊重，一個懂得肯定自我價值，才能有創造乞丐變老闆的奇蹟。

說謊，有時只是一種想像

不妨順著孩子們的想像加以引導，多和他們溝通互動，也許下一個科學家或思想家，就會出現在你的眼前。

　　小人通常喜歡說謊，但是，說謊的不一定是小人。

　　例如，小孩子的想像力非常豐富，當他們在敘述某件事物時，常常會加入自己的想像和聯想，有時甚至是一些幻想，於是，不免會造成無意中說出的謊話的情況。遇到這種情形，千萬別急著生氣。

　　達爾文小時候非常喜歡幻想。有一次，他在山邊撿到一塊小化石，回家之後，他跟姐姐說這是一塊非常珍貴的寶石。

　　不久，達爾文又撿到一塊奇形怪狀的硬幣，他又一本正經地告訴姐姐，說這個硬幣是羅馬時代的錢幣。可是，當姐姐拿來一看，卻發現這只不過是一枚被壓扁變形的舊幣罷了。

　　還有一次，達爾文向同學說，他發明了一種「秘密液體」，只要注射到植物的體內，就可以改變花果的顏色。

　　達爾文的姐姐對他的「謊言」，實在感到非常厭煩，每次都生氣地向父親告狀，但是，他們的醫生爸爸聽了，卻一笑置之地

說：「這不算什麼謊言吧！」

因為父親發現，在達爾文的「謊言」中，有著非常豐富的想像力和強烈的好奇心，於是在他的細心愛護，並以啟迪和誘導的方式教導之後，終於使得達爾文在科學上有了卓越的貢獻。

其實，故事中達爾文的情節並不算說謊，他只是比一般孩子更沉浸於自己的想像之中而已。

所以，當你發現孩子說的話與事實不符時，別急於否定他們，也別急著糾正他們，畢竟我們已經成年，也經過了許多年的學習和成長，同時也失去了更多想像和幻想的能力。

如果只是想像，不妨順著孩子們的想像加以引導，多和他們溝通互動，也許下一個科學家或思想家，就會出現在你的眼前。

但是，如果你確定小孩明顯養成了說謊的習慣，那麼就要趕緊加以矯正，否則將來可能真的會變成專門騙人坑人的小人。

生活講義

131

做人純眞，做事深沉全集

作　　者　公孫龍策
社　　長　陳維都
藝術總監　黃聖文
編輯總監　王　凌
出 版 者　普天出版社
　　　　　新北市汐止區康寧街 169 巷 25 號 6 樓
　　　　　TEL / (02) 26921935 (代表號)
　　　　　FAX / (02) 26959332
　　　　　E-mail：popular.press@msa.hinet.net
　　　　　http://www.popu.com.tw/
　　　　　郵政劃撥 19091443 陳維都帳戶
總 經 銷　旭昇圖書有限公司
　　　　　新北市中和區中山路二段 352 號 2F
　　　　　TEL / (02) 22451480 (代表號)
　　　　　FAX / (02) 22451479
　　　　　E-mail：s1686688@ms31.hinet.net
法律顧問　西華律師事務所・黃憲男律師
電腦排版　巨新電腦排版有限公司
印製裝訂　久裕印刷事業有限公司
出 版 日　2018 (民 107) 年 12 月第 1 版
I S B N◎978-986-389-568-8　　　條碼 9789863895688
Copyright◎2018
Printed in Taiwan ,2018 All Rights Reserved

國家圖書館出版品預行編目資料

做人純真，做事深沉 全集／

公孫龍策編著. —第 1 版. —：新北市, 普天

民 107.12 面；公分. - (生活講義；131)

ISBN◎978-986-389-559-6 (平裝)

CIP◎177.2

普天之下．盡是好書

普天 出版社
Popular Press